河南理工大学基本科研任务资助（SKJZZ2016-01）
河南省高等教育教学改革研究与实践项目（2021SJGLX361）
河南省高等学校人文社科研究基地河南理工大学太极文化研究中心系列成果

太极拳大众传播：理论与反思

王柏利　杨　光　著

人民体育出版社

图书在版编目（CIP）数据

太极拳大众传播：理论与反思/王柏利,杨光著. -- 北京：人民体育出版社,2024
ISBN 978-7-5009-6357-8

Ⅰ.①太… Ⅱ.①王… ②杨… Ⅲ.①太极拳—大众传播—研究 Ⅳ.① G852.11

中国国家版本馆 CIP 数据核字(2023)第 165801 号

*

人民体育出版社出版发行
北京中献拓方科技发展有限公司印刷
新 华 书 店 经 销

*

710×1000　16 开本　11 印张　170 千字
2024 年 3 月第 1 版　2024 年 3 月第 1 次印刷

*

ISBN 978-7-5009-6357-8
定价：55.00 元

社址：北京市东城区体育馆路 8 号（天坛公园东门）
电话：67151482（发行部）　　邮编：100061
传真：67151483　　　　　　　邮购：67118491
网址：www.psphpress.com

（购买本社图书，如遇有缺损页可与邮购部联系）

前 言

当下的中国，民族文化伟大复兴，正在成为这个时代的最强音。因为，"文化兴国运兴，文化强民族强。没有高度的文化自信，没有文化的繁荣兴盛，就没有中华民族伟大复兴"[1]的理论，已经成为整个中华民族的共识。如何"讲好中国故事、传播好中国声音、阐释好中国特色"正成为我们这个时代亟须解答的时代命题。在众多的中华文化丛群中，传统的经史子集、中医中药、书法绘画、戏曲歌舞等，无不承担着这样的责任和使命。而作为中华民族优秀文化遗产之一的太极拳，无疑应该在这个文化繁荣的时代里，承担起传承文化、树立国家形象、担当民族精神的时代使命。因为，就太极拳而言，其所折射的思想精神，其所蕴含的文化要义，其所展示的身体运动技术特征，无不彰显着中华文化特质。太极拳不仅在中华民族文化丛群中具有独特的价值和功能，而且在世界文化丛群中同样具有显著的独特性和不可替代性。

伴随着人民对美好生活的向往，提高人民健康水平就彰显出重要的时代价值。习近平总书记提出："没有全民健康，就没有全面小康。"[2]作为中华民族优秀文化的太极拳，其具有的显著健康促进功能，蕴含的丰富中华文化内涵，正成为当今建设健康中国、体育强国的重要内容。

[1]党的十九大报告辅导读本编写组.党的十九大报告辅导读本[M].北京：人民出版社，2017：34.
[2]习近平.习近平谈治国理政（第二卷）[M].北京：外文出版社，2017：370.

如今的太极拳已经成为国家元首、商贾巨头、社会精英、普通民众参与度最高的文化事项之一。太极拳的文化、健身、艺术等价值，正被不同肤色、不同年龄、不同性别的社会成员"所需要"。然而，从传统文化中走来的太极拳文化，却由于自身文化的神秘性、封闭性、自我性等特质的存在，以及当代社会文化多元化的影响，不论是在国内的传播，还是国际化的推广，都还没有实现优秀文化传播的最佳效果。所以，面对太极拳传播良莠不齐的状况，为实现优秀太极拳文化传播的最佳效果，在"民族文化，国内开花""中国元素，国际表达""民族文化，时尚出场""传统文化，科学表达"的理念指导下，开展对太极拳大众传播研究，挖掘其所取得的成就和存在的问题，探究其传播的原则、方法、路径等新策略，就应该成为学界高度关注的重大研究课题。因为，这不仅是时代的要求，也是我们这个太极拳原创民族不可推卸的历史责任。

然而，长期以来，太极拳一直在相对封闭的环境中默默坚守着文化传承的责任。尽管发展至今的太极拳，以其独特的运动方式，已传播至150多个国家和地区，受众人群达1.5亿人，也成为中国文化在世界范围内认知度较高的标识性文化之一，但太极拳大众传播的文化形象欠佳，使得传播成效甚微，甚至给太极拳的形象带来了诸多负面影响，太极拳文化的认同度并未达到理想的传播效果。尤其在大众传媒成为话语中心的时代，作为中华优秀文化载体的太极拳，其具有的厚重的中国传统优秀文化思想，体现着中国人的生活方式、思维方式和处事原则，是一种和谐文化的典范。太极拳的大众传播应该在遵循传播学理论的基础上，结合太极拳文化传承的特征，在规避太极拳传播负面形象的过程中，找寻一条适合太极拳大众传播的路径。同时，以太极拳为载体，以打造具有国际地位的太极拳文化品牌为途径，向世界充分展示具有标识性的中国文化元素符号，成为当前中国文化"走出去"战略的重要内容之一。

目　录

第一章　太极拳大众传播之基础：概念与理论 ·················001
  第一节　太极与太极图 ·····················001
  第二节　太极文化与太极拳 ·················007
  第三节　大众传播的概念 ···················014
  第四节　大众传播的理论 ···················019
  第五节　太极拳大众传播的消费理论 ·········021

第二章　太极拳大众传播之起源：论争与辨明 ·················035
  第一节　太极拳起源的假说 ·················035
  第二节　太极拳起源的论争 ·················041
  第三节　太极拳起源的辨明 ·················049

第三章　太极拳大众传播之流派：演变与特征 ·················057
  第一节　太极拳流派的演变与发展 ···········057
  第二节　太极拳流派的特征与思考 ···········061

第四章　太极拳大众传播之道路：传承与传播 ·················067
  第一节　太极拳精英传承之特征 ·············067

第二节　太极拳大众传播之发展 ·· 078
第三节　太极拳大众传播之规律 ·· 083
第四节　太极拳大众传播之方向 ·· 088

第五章　太极拳大众传播之灵魂：文化与哲理 ·························· 094
第一节　太极拳大众传播的文化价值 ······································ 094
第二节　太极拳大众传播的文化哲理 ······································ 104

第六章　太极拳大众传播之成效：现状与问题 ·························· 116
第一节　太极拳大众传播的现状 ·· 116
第二节　太极拳大众传播的问题 ·· 122
第三节　太极拳大众传播的优势 ·· 126
第四节　太极拳大众传播的旨归 ·· 129

第七章　太极拳大众传播之态势：国内与国外 ·························· 133
第一节　太极拳大众传播的区域基础 ······································ 133
第二节　太极拳大众传播的世界需要 ······································ 137

第八章　太极拳大众传播之保障：产业与开发 ·························· 140
第一节　太极拳大众传播的产业保障 ······································ 140
第二节　太极拳大众传播的产业开发 ······································ 145

第九章　太极拳大众传播之使命：责任与担当 ·························· 151
第一节　太极拳大众传播应构建其学术话语体系 ·························· 151
第二节　太极拳大众传播重视其品牌化引领作用 ·························· 154
第三节　太极拳大众传播应重建其文化教育体系 ·························· 157
第四节　太极拳大众传播应建设其文化产业体系 ·························· 159

主要参考文献 ··· 163

第一章
太极拳大众传播之基础：概念与理论

在传统社会中，作为中国武术重要拳种之一的太极拳，一直在相对封闭的场域中延续传承中华优秀太极文化。家族传承方式造就了太极拳精英传承特征。自近代以来，太极拳从封闭的乡村家族传承，逐渐走进大众的视野，成为人们健康养生的生活方式，具备了大众传播的显著特点。当前，太极拳蕴含的文化思想正受到人们的重视；太极拳的运动方式符合大众健康的锻炼需求；参与太极拳锻炼的受众人群也在逐渐增多。太极拳发展中的诸多普及推广成效，为太极拳大众传播提供了契机。但在太极拳普及推广过程中，仍然存在着"太极""太极拳"混淆使用，"太极""太极文化"概念模糊，太极拳普及推广模式缺乏理论指导等问题。因此，太极拳大众传播应该在厘定其基本概念的基础上，汲取传播学理论的经验，树立文化品牌传播的意识，为当代太极拳大众传播提供理论指导。

第一节 太极与太极图

一、"太极"一词的历史演变

太极是中国文化史上的一个重要概念、范畴。迄今所见文献看，"太极"一词最早出现在《庄子·大宗师》，即"夫道，有情有信，无为无形；可传而不可受，可得而不可见；自本自根，未有天地，自古以固存；神鬼神帝，生天生地；在太极之上而不为高；在六极之下而不为深；先天地而不为久；长于上古而不为老"[1]。庄子认为"道"是真实存在的,是万物最原始的根本。它在天地未分的混沌状态时就已存在。"太极"被看作是对所在空间高度上的限定词,是指空间的尽头,即指"道"在空间上无所不在。

《周易·系辞》记载:"是故,易有太极,是生两仪,两仪生四象,四象生八卦,八卦定吉凶,吉凶生大业……"对于此处太极的解释,大多理解为"天地未分之前的混沌状态"。太极,"原指'大衍之数五十,其用四十有九'所留下的那一策。这一策为易占之'体'而非'用',有决定易占灵验、成败的'本原'(原型)意义。易占如无此一策(太极),便不会有易占本身。"[2]此处的"太极"指的是"天地未形成之间,阴阳未分时的混沌状态"。太极一词尽管在《庄子》一书中已经出现,但《周易·系辞》太极才有了宇宙层面的哲学意义。后世人们据《周易·系辞》相关"太极"的论述而逐渐推演出成熟的太极观念。与庄子混沌哲学一样,太极看似报以迷离恍惚地看待万事万物的现象和本质的人生态度,实则包含着清醒睿智的哲思,其终极目的是希望人类活动顺应大道和自然规律,不为外物所拘,"无为而无不为",最终到达一种无所不容的宁静和谐的自在状态。

汉代时期,对太极观念的认识形成了两种观点。一是,太极乃天下之中。董仲舒明确指出:"中者,天地之太极也。"此处的"中"即表示方位的"中",又与四季相连接,即东方之中表示"春分",南方之中表示"夏至",西方之中表示"秋分",北方之中表示"冬至"。"中"表示旧事物的终结,也是新事物的开始,包含着物极必反的观念。马融认为,太极的含义可以解释为"北辰",即中央之星,指星宿。

二是,太极元气说。太极等同于元气,元气是天地混沌未分之气。此种说法把《老子》与《周易·系辞》结合,使得太极解读为"道"的混沌的元气。由此,把老子的无形之道变成了无形之精气。把《周易·系辞》的太极实体化,两仪被实体化为天地,天地化生阴阳二气,太极居天地之上,就形成了实体的精气。元气—天地—阴阳二气。《周易·系辞》(西汉马王堆出

---

[1]庄子.庄子·大宗师[M].孙通海,译.北京:中华书局,2008:123.
[2]王振复.周易精读[M].上海:复旦大学出版社,2016:39.

第一章　太极拳大众传播之基础：概念与理论

土版本）记载有"古者伏羲氏之王天下也，仰则观象于天，俯则观法于地，观鸟兽之文与地之宜，近取诸身，远取诸物，于是始作八卦"。其意思是成卦的过程，先是有太极，尚未开始分开蓍草（易占卜用蓍草做工具），分蓍占后，便形成阴阳二爻，称为两仪；二爻相加，有四种可能的形象，称为四象；由它们各加一爻，便成八卦。这里讲的是八卦画出的过程。原与天文气象及地区远近方向相关，后来被宋代的地理学家以哲理方式进一步阐释。

三国时期，太极一词被赋予了"无"的意义。认为太极生两仪是"无"中生"有"。南北朝时期，关于太极是"有"是"无"的问题，成为当时学者争论的主要话题。《北史·李业兴传》中，在回答"易有太极，极是有无？"的问题时认为"所传太极是有"[1]。而南朝经学家王弼、韩康伯认为"太极是无"。到了唐代时期，孔颖达认为太极是元气。"太极谓天地未分之前元气混而为一，即太初，太一也。故老子云：道生一，此即太极是也"[2]。孔颖达延续了老庄学说关于道的认识的观点。

到了宋明时期，理学的太极思想发展让太极观念有了巨大的变化。周敦颐在《太极图说》中说："无极而太极。太极动而生阳，动极而静，静而生阴，静极复动。一动一静，互为其根。分阴分阳，两仪立焉。阳变阴合，而生水火木金土。五气顺布，四时行焉。五行一阴阳也，阴阳一太极也，太极本无极也。五行之生也，各一其性。无极之真，二五之精，妙合而凝。乾道成男，坤道成女。二气交感，化生万物。万物生生而变化无穷焉。唯人也得其秀而最灵。形既生矣，神发知矣。五性感动而善恶分，万事出矣。圣人定之以中正仁义而主静，立人极焉。故圣人与天地合其德，日月合其明，四时合其序，鬼神合其吉凶。君子修之吉，小人悖之凶。故曰：'立天之道，曰阴与阳。立地之道，曰柔与刚。立人之道，曰仁与义。'又曰：'原始反终，故知死生之说。'大哉易也，斯其至矣！"

周敦颐的太极思想认为：无极是有和无的统一；太极包含着阴阳二气与五行的相生相克的结构、关系；太极是宇宙产生的变化，是阴阳二气对立统

---

[1] 张岱年. 中国古典哲学概念范畴要论[M]. 北京：中国社会科学出版社, 1989: 48.
[2] 张岱年. 中国古典哲学概念范畴要论[M]. 北京：中国社会科学出版社, 1989: 49.

一相生相克的运动；太极中的动静是宇宙万物的两种运动形式，不是绝对的；四季的变化、男女的异同、万物的生成，都根植于太极与阴阳五行的辩证运动中，把自然、社会与人结合在一起。周敦颐的《太极图说》对太极理论的形成产生了巨大影响。而后，朱熹对《太极图说》有了新的认识，他认为"太极，形而上之道也，阴阳，形而下之器也"。朱熹用"理气学说"来解释太极，既保留了周敦颐《太极图说》中的形式，又纳入了"理气学说"的内容。太极拳是以掤、捋、挤、按、采、挒、肘、靠，进步、退步、左顾、右盼、中定这十三法为运动技术核心，以套路、推手、功法为表现形式，以太极学说为理论基础，融合中医、吐纳等理论的武术拳种。诞生于三百多年前的太极拳，经过不断的演进，逐渐形成了现今流传较广的陈式、杨式、武式、吴式、孙式等多种流派的太极拳。

二、太极图的历史演变

在中华文化的历史长河中，太极图是中华文化的图形表达，不仅代表着中国人对宇宙的认识和理解，诠释着中华文化的思想结晶，也体现着中华文化的智慧。太极图用简洁的图形，表达了中华民族对宇宙运行规律的认知和理解，体现了中华民族的宇宙观。

在中华民族发展史上，对太极图的认知可以追溯至很早以前。大约在公元前5000年至前3000年，仰韶文化出土的彩陶（图1-1），就表达了早期人们对自然界循环规律、周而复始的模糊认识。

图1-1 仰韶文化出土的彩陶

第一章　太极拳大众传播之基础：概念与理论

在湖北省京山县屈家岭文化晚期出土的彩陶纺轮上（大约在公元前3300年至前2600年），就有类似太极图样式的图案（图1-2），有了对阴阳图像标识的雏形。

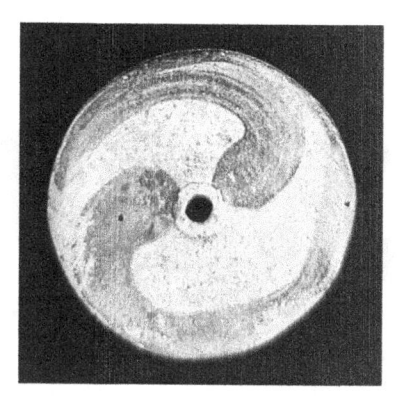

图1-2　湖北省京山县屈家岭文化晚期出土的彩陶纺轮

公元前3500年左右的庙底沟、马家窑文化，出现了与现存太极鱼纹图几乎一样的太极图式（图1-3）。

图1-3　马家窑彩陶

由此可知，在早期的人类社会中，人们已经产生了阴阳思想的观念，并以图形的形式反映在日常的生活中。但阴阳鱼太极图诞生于何时，至今仍然没有准确的结论。众多学者认为："阴阳鱼太极图大致出现于宋末。"[1]之后，又出现了"古太极图"（图1-4）、"先天太极图"（图1-5）和"天地自然河图"（图1-6）。在此基础上，形成了现代太极图的样式（图1-7）。

图1-4　古太极图

图1-5　先天太极图

图1-6　天地自然河图

图1-7　现代太极图

从古代演变而来的太极图，尽管图的样式在不同的历史时期有所变化，但都表达着中国人对宇宙万物运行规律的认识。太极图所蕴含的万事万物都分阴阳，阴阳又相互包含、相互转化。在太极图中，黑鱼中有白眼，白鱼有黑眼，表明阴中有阳，阳中有阴，阴阳不仅蕴含着事物内部既对立又统一的关系，事物与事物之间同样也存在着相互对立相互包含的关系。在太极图中，阴阳鱼是一个不停的运动、转化的过程，表明宇宙万物也是在不停运动中，并且在一定的条件下，"有"与"无"，"强"与"弱"，"黑"与"白"等对立事物之间是可以相互转化的。宇宙万物的运动、变化、消长，是宇宙运行的基本规律。太极图也是对太极文化最形象、最简洁的图形表达。

---

[1] 杨成寅. 太极哲学 [M]. 上海：学林出版社，2003：45.

第二节 太极文化与太极拳

一、太极文化是太极拳产生的重要理论基石

"太极文化是一种不以人为中心,亦不以物为中心,却以太极,以一种能量的阴阳交换、运行、互生为基体,生发和延展出世界的不同于西方文明的形上观念。"[1]太极文化,是中国一种古老的文化。其渗透在各个文化领域和事物中,我们通常所说的太极文化,是指太极在各种事物中的不同表现,因此只要是以各种形式表明太极的特征、特性、特质的文化,都是太极文化的范畴。由于太极的广泛性,太极基因可以渗透在各个文化领域和各种事物之中,我们能够感受到太极的无时不在、无处不在、无所不能;但这并不表明一切事物就都可以称为太极,各事物都有其自身的本质、特性和表现形式,其间又都有着本质的区别。而严格地讲,只有以表现太极自身的本质、本性、实质、属性、形态、功能、法则、原理,能够全面展示太极本来面目的文化,才是真正的太极文化。

(一)太极文化"对立统一"思想为太极拳技术风格的形成奠定了基础

太极文化体现对立统一的整体观。对立统一规律是唯物辩证法的根本规律,亦称对立面的统一和斗争的规律或矛盾规律。它揭示出,社会和思想领域中的任何事物,以及事物之间都包含着矛盾性,事物矛盾双方又统一又斗争推动事物的运动、变化和发展。对立统一规律的内涵体现在:矛盾双方的同一性与斗争性;矛盾的普遍性与特殊性;事物发展过程中的矛盾,以及矛盾双方发展的不平衡性。

辩证法是解决一切矛盾的方法论。对立统一规律是唯物辩证法的实质和

---

[1] 王耘.太极文化:图式表达的"现场"[J].苏州大学学报(哲学社会科学版),2019,40(4):39—44.

核心。具体表现在：一是对立统一规律揭示了事物运动、变化、发展的根本原因在于事物内部的矛盾性，科学地解释了事物发展的道路、方向、形式等问题。二是对立统一规律揭示了事物联系和发展的根本内容，事物普遍联系的实质就是事物之间由多方面的对立统一构成的矛盾体系；事物发展的实质就是新事物扬弃旧事物的过程，它体现着事物内部肯定方面与否定方面的对立统一的关系。对立统一是唯物辩证法全部规律和范畴的实质，所以，对立统一规律提供了理解唯物辩证法其他规律和范畴的钥匙。唯物辩证法是世界观又是方法论，而对立统一规律提供了这一科学方法论最根本的内容，即矛盾分析的方法。

在哲学上普遍性达到极限程度的辩证法规律只有三个，它们是对立统一规律、量变质变规律、否定之否定规律。其中对立统一规律揭示了客观存在具有的特点，任何事物内部都是矛盾的统一体，矛盾是事物发展变化的源泉、动力。量变质变规律揭示了事物发展变化形式上具有的特点，从量变开始，质变是量变的终结。否定之否定规律揭示了矛盾运动过程具有的特点，它告诉人们，矛盾运动是生命力的表现，其特点是自我否定、向对立面转化。因此，否定之否定规律构成了辩证运动的实质。

对立统一规律包含以下基本内容：一是对立面的统一和斗争。统一性和斗争性是矛盾双方所固有的两种属性，统一性表现为对立面之间具有相互依存、相互渗透、相互贯通的性质，斗争性表现为对立面之间具有相互排斥，相互否定的性质。二是矛盾的统一性和斗争性是相互联系的。统一是对立面双方的统一，它是以对立面之间的差别和对立为前提的。矛盾的斗争性属于矛盾的统一性之中。斗争是统一体内部的斗争，在对立面的相互斗争中存在着双方的相互依存，相互渗透。斗争的结果导致双方的相互转化，相互过渡。三是矛盾的统一性是相对的，矛盾的斗争性是绝对的。矛盾的统一性是指它的条件性，任何矛盾统一体的存在都是有条件的；矛盾的斗争性的绝对性是指它的普遍性、无条件性。矛盾的斗争性不仅存在于每个具体矛盾运动的始终，而且也存在于新旧矛盾交替的过程中。四是矛盾双方既统一又斗争推动事物发展。矛盾的统一性是矛盾存在和发展的前提，矛盾双方互相渗

第一章　太极拳大众传播之基础：概念与理论

透，贯通为矛盾的解决准备了条件；矛盾的斗争性导致矛盾双方力量对比和相互关系不断变化，以致最终造成矛盾统一体的破裂，致使旧事物被新事物所取代。

太极文化丰富的内涵，为太极拳的产生奠定了重要的文化基石。太极拳正是基于太极文化基础上而产生的一种拳术。王宗岳的《太极拳论》开篇就指出："太极者，无极而生，动静之机，阴阳之母也。动之则分，静之则合。无过不及，随曲就伸。人刚我柔谓之走，我顺人背谓之粘。动急则急应，动缓则缓随。虽变化万端，而理唯一贯。"其直接指出了太极文化是太极拳的重要理论基础。太极拳的动静、刚柔、快慢、进退等各种技法的变化、运用，与太极文化的阴阳辩证思想如出一辙。太极拳刚中有柔、柔中带刚的整体思想，也体现出阴中有阳，阳中有阴，阴阳一体的太极理论思想。因此，陈鑫在其撰写的《陈氏太极拳图说》自序中指出："明洪武七年，始祖讳卜耕读之余，而以阴阳开合、运转周身者，教子孙以消化饮食之法，理根太极，故名曰太极拳。"[1]总之，有着悠久历史且内涵丰富的太极文化，为太极拳的产生提供了理论指导，是太极拳独特技术风格形成的重要思想理论基础。

（二）太极文化"天人合一"思想为太极拳运动理念的形成注入了活力

人与自然之间的关系始终是人们关注的重要话题。太极文化以阴阳鱼的形式，表达中国人对自然的认识，体现的中华民族"天人合一"的宇宙观。"天人合一"是中国古典哲学的根本观念之一，与"天人之分"说相对立。所谓"天"，一种观点认为包含着如下内容：天是可以与人发生感应关系的存在；天是赋予人以吉凶祸福的存在；天是人们敬畏、侍奉的对象；天是主宰人，特别是主宰王朝命运的存在（天命之天）；天是赋予人"仁义礼智"本性的存在。另一种观点认为"天"就是"自然"的代表。"天人合一"有两层意思：一是天人一致。宇宙自然是大天地，人则是一个小天地。二是天

---
[1] 陈鑫.陈氏太极拳图说[M].太原：山西科学技术出版社，2006：1.

人相应，或天人相通。这是说人和自然在本质上是相通的，故一切人事均应顺乎自然规律，达到人与自然和谐。太极拳在练习过程中，也讲究要吸纳先天之气，让内气充盈，这样才能立于不败之地。

老子说："人法地，地法天，天法道，道法自然。"（马王堆出土《老子》乙本），这表明人与自然的一致与相通。先秦儒家亦主张"天人合一"，《礼记·中庸》说："诚者天之道也，诚之者，人之道也"，其认为人只要发扬"诚"的德性，即可与天一致。汉儒董仲舒则明确提出："天人之际，合而为一。"（《春秋繁露·深察名号》），这成为两千年来儒家思想的一个重要观点。

在中国思想史上，"天人合一"是一个基本的信念。季羡林先生对其解释为：天，就是大自然；人，就是人类；合，就是互相理解，结成友谊。西方人总是企图以高度发展的科学技术征服自然、掠夺自然，而东方先哲却告诫我们，人类只是天地万物中的一部分，人与自然是息息相通的一体。"天人合一"的思想无处不在，甚至在中国特有的茶文化中，由盖、碗、托三件套组成的茶盏就分别代表了天、人、地的和谐统一、缺一不可。以"仁"为核心、"礼"为外观表现的儒学可以说是一种人学，其主要内容是讲为人之道，包括探讨人的本性、人生的价值、处理人际关系的原则等。儒家学说强调亲情仁爱，提出"血浓于水""老吾老以及人之老，幼吾幼以及人之幼""杀身成仁，舍生取义"等。例如，中国人重团圆、以享受天伦之乐为人生之大喜，不像西方人那么讲求自我，追求独立和冒险精神。"天人合一"还是中国古代的一种政治哲学思想，最早起源于春秋战国时期，经过董仲舒等学者的阐述，经过不断发展为宋明理学的观念，其基本思想是人类的政治、伦理等社会现象是自然的直接反映。

天人合一是中国哲学的基本精神，也是中国哲学异于西方最显著的特征，其意蕴广远。中国很久以来，即有天人合一的思想。敬天即所以爱人，爱民即所以尊天。所谓天人合一，实包含了天定胜人与人定胜天两个观念。天行健，君子以自强不息。中国的思想，不偏于天定胜人，亦不偏于人定胜天。中国文化孕育了中国人丰富的人文精神，此为中国文明的特征。《左传》

第一章 太极拳大众传播之基础：概念与理论

记载，史嚚曰：吾闻之，国将兴，听于民；将亡，听于神。神，聪明正直而壹者也，依人而行。(《左传·庄公三十二年》)史嚚之语，代表中国古来之人文主义，即天人合一的宗旨。历代圣贤，莫不为继续弘扬此天人合一之道而努力。以中国与西方比较，中国哲学之归趋，人与天合；而西方哲学之归趋，人与天分。故中国哲学，以人生观察宇宙，使人与天合而为一。周易干元资始之说，不涵神学气氛，以天道贯通人事，正性命以明道德修身之原。此说明中国正统哲学之天道思想，纯是合理化的形而上学。先天而天弗违，后天而奉天时。非与天合德，其孰能如是哉？西方哲学，则道德哲学（精神哲学）与自然哲学，各有领域，分别发展，源远而未益分。中西治学方法之不同，其所成思想体系亦迥异。吾人确信，在古今各民族，最能了解人与天地宇宙之关系，因而祈求保持天人和谐者，为中华民族。中国哲学思想的骨子里隐藏着对上天信仰的观念，却不显露出来，所讲的对象乃是人。这种以人为重点的天人之学，可以称为人文哲学。

作为中国传统文化重要载体的太极拳，体现着天人合一的思想，强调人与自然的和谐，认为天道和人道、自然与人息息相通、和谐统一。"天地阴阳之理，不过消息盈虚而已。故孔子尚消息盈虚。打太极拳，亦是消息盈虚"[1]，体现了天人合一的思想。太极拳在练拳的过程中，始终强调要放松、静心，要自然呼吸，只有松下来、静下来，才能做到拳法自然，才能使人体机能达到最佳的状态；太极拳在技术上也要求"内三合、外三合"，要做到"形开气合，形合气开"。太极拳练习者"通过自身的修炼、不断地感悟去体会人与自然合二为一的关系，并由此内化成了深刻的和谐文化思想，体现着人类的生存法则"[2]。在太极文化"天人合一"影响下的太极拳，也逐渐地形成了其独特的运动理念。

---

[1] 陈鑫. 陈氏太极拳图说[M]. 太原：山西科学技术出版社，2006：34.
[2] 王柏利. 竞争社会背景下太极拳时代价值研究[J]. 南京体育学院学报，2011，25（2）：42-45.

二、太极拳是武术文化的重要组成部分

（一）太极拳具有武术文化的典型特征

太极拳是中国武术众多拳种之一，是以中国传统儒、道哲学中的太极、阴阳辩证理念为核心思想，集颐养性情、强身健体等多种功能为一体，结合易学的阴阳五行之变化、中医经络学等形成的一种内外兼修、刚柔相济的中国传统拳术。太极拳，源于中国焦作市温县陈家沟，极富中国传统民族特色元素的文化形态。

作为一种饱含东方包容理念的运动形式，其习练者针对意、气、形、神的锻炼，非常符合人体生理和心理的要求，对人类个体身心健康及人类群体的和谐共处，有着极为重要的促进作用。太极拳这种以体育运动作为主要外在表现形式和载体的非物质文化形态，充分体现了人类对自然界的客观认知和科学实践。

（二）太极拳是武术文化发展到一定阶段的产物

在中国武术史上，太极拳作为中国武术中既能防身也能健身的一个"大器晚成"的拳种，所蕴藏的中国传统文化内涵深邃而丰富，博大精深。最为突出的表现是，太极拳可以说是中国哲学的通俗读本和运动读本，习练太极拳是学习研究中国哲学史的一个有效途径。太极拳的"哲学素养"是全方位的。从儒、释、道乃至兵学思想、养生文化等内容，在太极拳中都有不同的映射。太极拳融汇了厚重的中国传统文化。

有学者认为"太极拳者，乃中国武学文化发展到一定阶段的必然产物"[1]，还有学者认为"中华武术发展到了最高阶段就是太极拳"[2]。太极拳文化是中国武术文化文明进程中的体现。太极拳在流变过程中吸收了当时武术文化的精华，丰富和完善了其理论体系。

---

[1] 梅墨生.大道显隐：李经梧太极人生[M].北京：当代中国出版社，2007：79.
[2] 余功保.盈虚有象：中国太极拳名家对话录[M].北京：人民体育出版社，2006：97.

第一章 太极拳大众传播之基础：概念与理论

太极拳产生的时间为明末清初。在中国武术史上，明清时期是武术集大成的重要时期。此时的中国武术各种拳种流派大量产生，使中国武术呈现百花齐放、百家争鸣的繁荣局面。而太极拳就是在这种背景下诞生的。受中国武术的影响，太极拳的产生并非偶然，是对众多武术拳种技术吸纳、总结、提升的结果。如戚继光《拳经》的三十二式长拳对太极拳产生了重要影响。蔡宝忠认为，太极拳"汲取了戚继光《拳经》三十二式中的诸多拳式，并参悟《黄庭经》中的道家养生修炼的理论，结合吐纳、导引、气功，对太极拳进行了突破性的改造"[1]。有着"天下功夫出少林"的少林拳系，对太极拳也产生了重要影响。金刚捣碓、单鞭、斜形、七星、高探马等名称与陈式太极拳是相同的。另外少林拳"柔拳"和"柔形捶"的演练中，也包含了太极拳的柔劲和抖劲[2]。由此说明，太极拳的产生是武术技术发展到一定阶段的产物。

伴随着太极拳技术体系的形成，太极拳含蓄内敛、连绵不断、以柔克刚、急缓相间、行云流水的拳术风格，使习练者的意、气、形、神逐渐趋于圆融一体的至高境界，而其对于武德修养的要求也使得习练者在增强体质的同时提高自身素养，提升人与自然、人与社会的融洽与和谐。同时，太极拳也不排斥对身体素质的训练，讲究刚柔并济，而非只柔无刚的表演、健身操。

纵观太极拳体现出的运动理念，并非太极拳的独创，而是对中国文化吸纳、融合、创新的结果。如关于太极拳动静、刚柔、虚实等理念，在吴殳的《手臂录》、赵晔的《吴越春秋》中的越女论剑中就有记载；说明太极拳运动理念在早期的中国武术文化中多有闪现；太极拳运动中后发先制现象，早在庄子的《说剑》篇中就有记载："夫为剑者，示之以虚，开之以利，后之以发，先之以至。"[3] 由此可知，发展成熟的太极拳，深深扎根于中国传统医学、美学、养生学、气功学、仿生学、军事学和文学等多学科广袤深厚的土

---

[1] 蔡宝忠.中国武术史专论[M].北京：人民体育出版社，2003：207.
[2] 蔡宝忠.中国武术史专论[M].北京：人民体育出版社，2003：215-216.
[3] 庄子.庄子[M].孙通海，译注.北京：中华书局，2007：353.

壤之中，以形体的运动表达、行践、阐述、张扬了中国传统文化，将其融入武术之中，体现了人类对宇宙、对人体运动规律在一定程度的认识，而且也注入了"阴阳相济、天人合一"等东方文化之精华，彰显了鲜明的民族特性及风格。

简而言之，太极拳是中华民族的国术、国宝、国粹和国魂，它无所不包的文化内涵，已经成为中国文化的一个缩影、品牌或符号象征，把太极拳形象地说成是一种文化拳，是恰如其分和名副其实的。

第三节　大众传播的概念

一、大众化与大众文化

（一）何为"大众化"

所谓"大众化"有两层意思。一层是简单意义上的普及与拥有，也就是说大众的拥有率和普及率高。它的要义有两点：一是"大众"，二是为了达到大众而进行的"普及"过程。另一层意思是文化学意义上的"平民化了的文化"，也就是说大众普遍接受的文化认同。它的要义也有两点：一是"大众文化"，二是使大家接受大众文化而进行的"化"的过程。

对于大众化的理解。1942年，毛泽东在延安文艺座谈会上的讲话中曾对"大众化"的概念阐明过自己的看法，他认为大众化"就是我们的文艺工作者的思想感情和工农兵大众的思想感情打成一片"[1]。对于"大众"的理解。毛泽东对"人民大众"作出了科学的界定，"那么，什么是人民大众呢？最广大的人民，占全国人口90%以上的人民，是工人、农民、士兵和城市小资产阶级"[2]。侯欣一先生在其专著中也表达了对大众的理解，"大众是与精英相对应的概念。如果说精英意味着特定社会中某种掌握着知识、财富和

---

[1] 毛泽东. 在延安文艺座谈会上的讲话, 毛泽东选集（第3卷）[M].北京：人民出版社, 1991：851.
[2] 毛泽东. 在延安文艺座谈会上的讲话, 毛泽东选集（第3卷）[M].北京：人民出版社, 1991：855.

第一章　太极拳大众传播之基础：概念与理论

较高道德的少数人的话，那么大众的含义就是社会中占人口绝大多数的最普通民众"[1]。

上述认知理解的起点，是基于西方提出的"大众化"理论的观点。事实上，用中国传统认识论来讲，所谓大众化就是使民众都能够认识、理解并形成共识，努力追求并共同恪守，身体力行并乐在其中的过程、感受与结果状态。

（二）何为"大众文化"

大众文化最早由西班牙哲学家奥尔特加提出，这个概念的提出是基于与精英文化相对立的。因为十九世纪中叶，生活在基层的人们，在追求精神、物质和社会待遇等方面平等的同时，人们对文化消费需求的意识开始觉醒，并形成了相对于社会"精英文化"的另一种文化形态，由此，大众文化被提了出来。

进入20世纪中叶，流行文化（populer culture）逐渐代替了大众文化（mass culture），"大众文化"的贬义性得到舒缓，其蕴含的内涵也被赋予全新释义。大众文化的传播手段被界定为主要依赖"大众传播媒介"，其传播的整个过程被当作商品推销的运作模式运营，其传播的主体常常被标准化和拟人化，其传播的理想目的在于获取大众的感性满足与欢乐。

在我国，大众文化的快速发展得益于改革开放的利国亲民政策。改革开放的四十余年，我国的大众文化快速发展，迅猛地与主流文化、精英文化形成三足鼎立之势，成为我国文化消费的主要形态和有生力量。我国学者对大众文化的解读，由于立足不同的文化背景、不同的文化观念存在不同的解释，主要有以下几种观点。

张伯昭认为，所谓的大众文化是"指以大众传播媒介为手段、按商品规律运作的、旨在使大量普通市民获得感性愉悦的日常文化形态。如今的通俗诗、连载小说、畅销书、流行音乐、电视剧、电影、广告等都是大众文

---

[1] 侯欣一. 从司法为民到人民司法陕甘宁边区大众化司法制度研究[M]. 北京：中国政法大学出版社，2007：16.

化"[1]；刘业雄认为，大众文化是"指在工业化社会中产生的、以都市大众为其主要消费对象、通过印刷媒介和电子媒介等大众传媒传播的、无深度的、容易复制的、模式化的、按照市场规律批量生产的一种文化产品"[2]；齐卫华认为，大众文化是指"20世纪80年代后期我国经济体制逐步转型以来，伴随着日渐繁荣的商业文化环境而发展起来的一种消费性文化"[3]；胡秀英认为，大众文化是"指以大众传媒为载体的娱乐性、消费性文化，大众文化以其形式的多样化、规模的扩大化和内容的流行化以及特有的消费娱乐功能影响高校学生的价值观和生活方式"[4]。从以上观点中可以发现，大众文化是一种具有现代性、商业性、世俗性、流行性和娱乐性的文化，大众化的过程不可避免地要与大众文化发生千丝万缕的联系。因此，研究推动太极拳的大众传播，就无法回避大众文化的作用，尤其是在太极拳大众传播的过程中，出现各种问题时，大众文化的影响就更应该引起足够的重视。

二、传播的概念与类型

（一）传播的概念

传播是指传送或散布。传播的主要目的是信息的传递，因此，信息是传播的主要内容。在人类社会发展的整个历程中，信息的传播无处不在。人与人之间、人与社会之间，总是通过各种介质传达信息。传播在中国早期《北史·突厥传》的文献中这样记载："宜传播天下，咸使知闻。"传播在这里的意思是让天下人都知道这些事情。现代中国的"传播"一词，是从英语communication翻译而来，在英语中这是个名词，原意中包含着"通讯、通知、信息、书信；传达、传授、传播、传染；交通、联络；共同、共享"等多重意思。1945年，在联合国教科文组织宪章中写道："为用一切

---

[1] 张伯昭. 学习"七一"讲话 正确处理继承与创新的关系[J]. 中国京剧, 2001(6): 10-12.
[2] 刘业雄. 升华与繁荣：试论电视文艺的价值判断——兼论少数民族电视的文化走向[J]. 西藏民族学院学报, 2000(4): 71-79.
[3] 齐卫华. 大众文化与高教文化的冲突及调适[J]. 中国成人教育, 2004(5): 28-29.
[4] 胡秀英. 高校先进校园文化建构中的德育功能[J]. 求索, 2004(5): 176-177.

mass communication 手段增进各国之间的相互了解而协同努力。"其中的 mass communication 一词就被翻译为现代的"大众传播"。

但传播作为一个学科来说，诞生于美国。围绕着传播机制、传播本质、传播过程、传播效果等方面，产生了众多研究学者，建构了早期传播学理论，奠定了传播学学科基础。其代表性人物有美国著名的政治家拉斯韦尔(1902—1980 年)，他提出了经典的 5W 传播学模式；德国犹太人库尔特·勒温（1890—1947 年），作为著名的社会心理学家，他提出了著名的信息传播中的"把关人"概念；耶鲁大学实验心理学教授霍夫兰（1921—1961 年），他把心理学实验方法用于传播学研究，揭示传播效果的形成条件；奥地利籍犹太人拉扎斯菲尔德（1901—1976 年），他引领了传播学实验性研究的发展；施拉姆（1907—1988 年）是传播学研究的集大成者。

伴随着传播学的发展，对传播学是什么的问题展开探讨。围绕传播学的定义，国外学者的观点主要有以下几种：库利从社会学角度，认为"传播是指人与人关系赖以成立和发展的机制"；皮尔士从符号学角度，认为传播即观念或意义的传递过程；施拉姆认为传播是信源、讯息的传递。伴随着国内学者对传播学的关注，众多学者的观点使传播学定义更加清晰。郭庆光认为传播是社会信息的传递或社会信息系统的运行；邵培仁认为传播是人类通过符号和媒介交流信息的活动；张国良认为传播即信息传授的过程。作为现代信息交流方式，传播学研究人类社会信息传播的过程、规律及传播载体之间的关系的学问，是关于现代社会进行信息交流的学科。随着传播学进一步发展，传播学与政治学、社会学、人类学等多个学科都有了紧密的结合。同时，人们开始对传播的主体、传播受众、传播媒介、传播过程、传播效果、传播机制等方面进行了深入研究，丰富了传播学学科理论。此外，传播学还融入了系统论、信息论等学科理论知识，使传播学具有了多学科交叉的特点。

（二）传播的类型

伴随着传播学的发展，传播学的类型划分逐渐清晰，主要包括人际传播、组织传播、大众传播。人际传播是"通过建立一对一的、可以及时反馈的、相对私密封闭的对话关系，从而产生两个主体之间、互相交流、互相理解、互相协作、互相影响的传播效果"[1]。人际传播的形式可以是两个人面对面的直接传播，也可以是以媒体为中介的间接传播。因此，人际传播可分为直接传播和间接传播两种类型。组织传播是"以组织为主体的信息传播活动，是组织之间、组织内部成员之间有目的、有组织、有领导的信息传播活动"[2]。组织传播可以分为组织内传播和组织外传播；或者可以分为正式传播和非正式传播。大众传播（Mass Communication）是"专业化的媒介组织运用先进的传播技术和产业化手段，以社会上一般大众为对象而进行的大规模的信息生产和传播活动"[3]大众传播主体运用传播介质，把信息传向社会大众的过程。太极拳在经历了传统社会的人际传播及在某个区域或村落的组织传播后，伴随信息化时代的到来，大众传播就成为当今太极拳普及推广的重要途径。

关于大众传播一词，最早出现在20世纪30年代的美国。随后，信息技术的发展为大众传播带来了契机。20世纪之后，大众传播已经成为信息传递的主要手段。信息技术以其传播的范围广、受众人群多、影响大等特征，进一步促进了大众传播的发展。纵观大众传播特点，主要体现在以下几点：一是大众传播具有高度的组织性。相对于以往信息传播方式，大众传播是在有组织、有计划、有目的的过程中完成信息的传递。如报纸的信息传递是报社专门负责的，且在报社中，有专门的信息采集，编辑、印刷、推广等分工明确的部门，具有很强的组织性。二是大众传播内容具有时效性。大众传播的内容是面向所有大众公开的，报纸、广播、电影、网络等传播媒介上的内容层出不穷。这些信息传播可能是一次性的，或者是短暂的，稍纵即逝。三是大众传播具有针对性。大众传播的信息具有很强的目的性。在大众传播开始之初，其信息接受人群的性别、年龄、文化修养、职业等要素基本都有明确的计划，甚至在传播时间的选择上都有明确要求。四是大众传播的信息传

---

[1] 倪琳，刘叙一.商务传播学教程［M］.上海：上海交通大学出版社，2020：183.
[2] 张迈曾.传播学引论（修订版）［M］.西安：西安交通大学出版社，2019：74.
[3] 谭大青.基于媒体视角的视觉传达设计研究［M］.长春：吉林科学技术出版社，2021：48.

递具有单向性特征。大众传播的受众尽管具有一定的目的性，但具有信息接受的受众人群是不确定。因此，大众传播在信息传递过程中，无法对传播信息进行及时的反馈。单向度的信息传递无法收到受众的信息反馈。五是大众传播具有快捷性特征。尤其是伴随着信息化技术的快速发展，当代大众传播越来越体现出快捷性的特点。刚刚发生在某地的公众事件，马上可以通过网络快速的传遍全世界。甚至是名不见经传的一点小事，也可能因为关注人群的增多而演变成为社会事件。大众传播的快捷性特点也使当代社会必须重新审视大众传播作用。

第四节　大众传播的理论

太极拳作为中华优秀文化的标识性文化符号，在信息化时代到来的今天，也应该顺应时代的发展，改变传统社会人际传播、组织传播的单一信息传递方式，运用大众传播的理论，指引太极拳的大众化发展，以此推动太极拳科学化、规模化的发展。围绕太极拳大众传播出现了以下大众传播理论：①子弹理论。早期大众传播学有"子弹论"，认为传播如同打枪，传播者一说话，接受者就会被语言的枪弹击中，传播效果就达到了。后来，这个理论被否定，传播效果的产生被认为由传播者与受众在复杂的交互作用下形成。②议程设置功能理论。该理论认为大众传播虽然不能决定受众对传播信息的具体看法，但可以通过传递的特定信息有效地吸引受众关注某些事物，使受众能优先选择所接触的事物。③培养理论。该理论认为大众传播能够通过媒介的传递，潜移默化中影响受众的世界观。

大众传播的理论还有很多，并且产生了诸多经典的著作。沃尔特·李普曼的《公众舆论》，被认为是传播学的奠基之作。李普曼一直很关注大众传播，他提出了"拟态环境"和"刻板成见"两个重要的概念，并认为人们无法了解所有的信息，只能通过媒介提供的信息认知世界。因此，大众传播可以影响受众群体的行为选择。

另外一位传播学的重要学者拉扎斯菲尔德，在《人民的选择》一书中，对广播信息传播的受众进行研究，发现广播传播能影响受众的个人行为。他以 1940 年美国竞选总统为案例，分析大众传播是如何影响选民选票的。拉扎斯菲尔德的传播学观点受到了政府的极大关注。拉斯韦尔在《社会传播的结构与功能》一书中，围绕传播过程、传播结构及其功能，阐述了 5W 的大众传播模式。即：谁（who）？说什么（what）？对谁说（whom）？通过什么渠道（what channel）？取得什么效果（what effect）？此书至今仍是传播学的经典著作之一。

施拉姆是传播学科的集大成者和创始人。《大众传播学》是他的经典著作之一。此书 1949 年出版后，就成为传播学的教科书。书中对大众传播内容、大众传播过程、大众传播受众、大众传播效果等重要内容都有深刻的阐述。施拉姆的学生曾这样评价自己的老师："施拉姆对这门学科的最大贡献或许并不在于他自己的理论观点（尽管这些理论观点很重要），而在于他对传播的核心问题所勾勒的学说框架。也正是在这一点上，他使这门学科得以完善。"足以说明，施拉姆对传播学学科的贡献。

麦克卢汉的《理解媒介》一书，也是传播学领域影响很大的一本经典著作。作者在书中详细介绍了媒介对信息传播的作用，认为"媒介即信息"，伴随着媒介传播技术的发展，媒介是人们了解世界的延伸，人们通过媒介，可以使地球变成一个地球村。

大众传播的理论和经典著作为太极拳的大众传播提供了理论借鉴。也为太极拳的大众传播指明了方向。从传统社会延续而来的太极拳，人际传播是其主要的传播形式。但随着信息化时代的到来，今天的太极拳已经走出偏远的小乡村，受到广大人民的重视。太极拳的健身养生价值得到人们认可，太极拳的文化价值受到人们重视。尤其是太极拳蕴含的中华优秀传统文化思想，不仅是新时代培养社会主义核心价值观的重要途径，同时，"共享太极""共享健康"的理念，也是服务人类健康的重要手段，更是推动人类命运共同体构建的重要载体。因此，太极拳大众传播应该遵循大众传播理论，科学、合理地做好太极拳大众传播的顶层设计，使太极拳大众传播的方法、手段更加合理，使其大众传播的效果更加明显，让太极拳真正成为服务人类社会发展的重要文化载体。

第五节 太极拳大众传播的消费理论

随着我国经济的飞速发展，中国已经步西方发达国家之后快速进入消费社会。在消费社会中，商品作为"物"的使用价值逐渐被弱化，而商品具有的符号价值则不断得到突显，并成为消费者表达和传递身份、地位、档次和个性的象征符号。无论是凡勃伦的炫耀性消费，还是齐美尔的时尚消费，以及鲍德里亚的消费社会理论，都毋庸置疑的提出符号消费已经成为消费社会的重要特征。

在符号消费中，品牌作为一种标识性文化符号，由于其蕴含的附加值不同，在彰显商品高质量、高品质的同时，也传达了商品所蕴含的身份、地位、档次、个性等符号象征意义。消费者在消费品牌的同时，也将品牌所表达的"内涵"和"意义"本身作为消费的对象。因此，品牌消费不仅是符号消费的起点，也成为符号消费的集中体现。

太极拳作为中国传统文化的典型代表，已经传播至150多个国家和地区，受众人群达1.5亿人之多。太极拳已经成为最具潜力的中国文化品牌之一。然而，当前太极拳文化品牌传播，仍然没有适应现代消费社会的符号消费逻辑。太极拳文化品牌的意义建构、示差符号、象征符号、空间符号不够突出，导致太极拳文化品牌的符号价值含金量不高，结构层次较低，没有形成文化产品的附加利益层等一系列问题。尤其在与跆拳道、瑜伽、肚皮舞等域外体育项目的市场争夺中，始终处于被边缘化的境遇，其消费群体在不断萎缩，甚至成为濒危的、亟须被保护的非物质文化遗产。因此，在消费社会背景下，以符号消费理论，研究太极拳文化品牌的传播方式及路径，对当前太极拳文化传播有着重要的意义。

一、太极拳文化品牌消费的起点：物—符的意义建构

（一）太极拳文化品牌应实现从"物"到"符"的转变

诞生于农耕文明社会中的太极拳，由于长期受农业经济观念的影响，其

作为太极拳重要特征的技击格斗和养生价值，一直左右着人们的选择，并在太极拳传承中占据重要的地位，也成为当前太极拳文化品牌传播的重要内容。然而，随着社会的发展，由于社会结构和人们生活方式的改变，太极拳的技击格斗价值不断被弱化，并逐渐失去了生存空间；而太极拳的养生价值，由于受到现代西方体育项目的挤压，其消费市场逐渐被瑜伽、跆拳道、肚皮舞等域外项目所占领。太极拳作为"物"的使用价值的两大功能，正受到严峻的挑战，并成为阻碍太极拳文化品牌传播的重要因素。

法国社会学家让·鲍德里亚认为："要成为消费的对象，物品必须成为符号。"[1]。在消费社会中，消费者与物之间的关系发生了改变，消费者"不会再从特别用途上去看这个物，而是从它的全部意义上去看全套的物"[2]。物"原有的自然使用价值消失了，从而变成了索绪尔意义上的记号；因此，消费就决不能理解为只是对使用价值、实物用途的消费，而应看作是对记号的消费"[3]。文化品牌作为现代消费社会中独特的标识性符号，代表的是品牌所蕴含的文化意义和文化价值。人们对文化品牌的消费，与其说是消费品牌所蕴含的使用价值，还不如说是消费品牌所代表的象征意义或者是个性文化符号。

太极拳作为一种特殊的商品，其品牌推广必须要超越太极拳作为"物"的使用价值的功能范畴，使太极拳文化品牌适应消费社会逻辑，形成一种符号。换言之，太极拳文化品牌推广，必须遵循从太极拳具有的技击和健身两大使用价值功能向文化符号功能转变的消费逻辑，即太极拳文化品牌首先应形成一种符号，进而才能产生符号消费。

（二）太极拳文化品牌符号消费"意义建构"的基础

对于太极拳文化品牌消费来说，其实质也是太极拳文化品牌的符号消费。而符号消费是指"在消费过程中，消费者除消费产品本身以外，还消费

---

[1] 让.鲍德里亚.物体系[M].林志明，译.上海：上海世纪出版集团，2001：222.
[2] 让.鲍德里亚.消费社会[M].刘成富，全志刚，译.南京：南京大学出版社，2008：3.
[3] 傅守祥.审美化生存——消费时代大众文化的审美想象与哲学批判[M].北京：中国传媒大学出版社，2008：44.

这些产品所象征和代表的意义、心情、美感、档次、情调和气氛，即对这些符号所代表的意义或内涵的消费"[1]。太极拳作为一种特殊的商品，要使太极拳文化品牌产生符号消费，就必须挖掘太极拳文化品牌符号的"象征的意义"或"内涵"。

索绪尔的符号结构主义指出，符号的"能指和所指的联系是任意的"[2]。能指与所指联系的随意性，保证了它们是各自独立的。因此，可以通过对符号的所指附加各种意义，使其上升到能指的范畴。太极拳作为中国传统文化的重要载体，其蕴含的"和谐""平衡""有度"等"核心价值正成为竞争社会中所不可或缺的元素"[3]，并越来越彰显重要的时代价值。太极拳健身理念已经得到众人的认可，成为现代人们追求健康的生活方式之一。因此，"太极拳无论从思想上还是技术上都比较完美地反映了中国文化，堪称中国文化的标志性符号"[4]。太极拳所蕴含的深厚文化底蕴，为形成符号价值提供丰富的文化资源。

基于此，太极拳文化品牌的符号消费，一方面，可以突出其作为符号所指的技击格斗和健身养生功能；另一方面，太极拳所折射的优秀中国文化，如崇尚力的阴柔之美、追求慢的运动本质、固守静的文化意蕴，可以成为其文化品牌符号所指的附加意义和内涵。这不仅满足了现代社会的文化需求，也促进了太极拳文化品牌符号消费的意义建构。因为"一旦各种意义被附加于该商品之上，这时商品就可以成为一种表意的符号，上升到能指的范畴"[5]。换言之，符号的能指和所指之间关系的相对独立性，太极拳本身蕴含的独特文化特征，为太极拳文化品牌符号消费的意义建构提供了坚实的基础。

（三）太极拳文化品牌符号消费"意义建构"的途径

太极拳作为一种特殊的商品，其文化品牌符号的意义建构，同样也遵循

---

[1] 王建平.中国城市中间阶层消费行为[M].北京：中国大百科全书出版社，2007：171.
[2] 费尔迪南·德·索绪尔.普通语言学教程[M].北京：商务印书馆，1980：102.
[3] 王柏利.竞争社会中太极拳的时代价值研究[J].南京体育学院学报，2011，25（2）：42-45.
[4] 罗卫民，郭玉成.太极拳品牌推广研究[J].体育文化导刊，2012.5：125-128.
[5] 王建平.中国城市中间阶层消费行为[M].北京：中国大百科全书出版社，2007：164.

着一般商品符号意义的建构规律。针对商品符号意义的建构途径，麦克拉肯提出了一个"文化意义流动模型"，认为"商品的文化意义并不是凭空产生的，而是从文化世界里转移过来的。商品生产者通过两种手段来进行这种意义转移，一是广告系统；二是时尚系统。通过这两种手段，而使物获得了文化含义，成为代表某种意义的符号和载体"[1]。另外，传播学的经典理论"第三人效果"也指出，广告作为大众传媒的重要内容，"能够成功建构人们头脑中对世界的想象的作用"[2]。因此，广告和时尚成为建构商品符号意义的重要途径。

诞生于农耕文明社会中的太极拳，一直被"酒香不怕巷子深"的传统观念所束缚，导致太极拳长期处于封闭的乡村环境中自由发展。尽管地方政府部门和民间太极拳社团，也举办过诸如中国·焦作国际太极拳交流大赛、中国邯郸（永年）太极峰会和武当太极拳国际联谊大会等大型比赛，但太极拳的广告宣传投入仍然不足，没有形成强有力的文化品牌符号。因此，太极拳文化品牌必须重视现代广告的介入。因为，"如果商品有其符号意义的一面，那么大概都是广告所赋予的"[3]。太极拳文化品牌的广告宣传，一定要有意突出其蕴含的独特文化性，方便人们的记忆，并且较容易受到人们的关注。如最近武当山推出的"太极武当，养生天堂"及"问道武当山，养生太极湖"的广告语，就"通过国际化时尚流行视听语言的文化诠释力，打造一台内涵深厚、特色鲜明、手法新奇、效果震撼，并在国内外具有标志性地位的中国文化山水实景视听盛宴"[4]，成为武当山太极文化旅游产业品牌核心价值的典范，也为太极拳文化品牌的广告宣传作出了典范。

蕴含着浓郁本土文化特色的太极拳，由于受民间俗文化的影响，在现代消费市场中，一直没有形成一种消费时尚。太极拳体现的松静自然、以意导气的健身、养生特点，以及太极拳独有的缓慢柔和的运动方式，被深深地打

---

[1] 王宁.消费社会学——一个分析的视角[M].北京：社会科学文献出版社，2001：155.
[2] 滕乐.文化如何传通：认知心理学角度的解释[N].中国社会科学报，2012-7-25（8）.
[3] 苏特，杰哈利.广告符码：消费社会中的政治经济学和拜物现象[M].马姗姗，译.北京：中国人民大学出版社，2004：161.
[4] 冯开春.问道武当山 养生太极湖[N].十堰日报，2011-12-10（4）.

第一章　太极拳大众传播之基础：概念与理论

上了俗文化的烙印，甚至被认为仅适合于老、弱、病、残的特殊人群，这极大地影响了太极拳文化品牌形象。因此，太极拳文化品牌必须重视现代符号消费意义的建构，通过外在的包装形成运动时尚。例如，太极拳故乡的铁棍山药，如果没有精美的包装、标签以及厚重养生文化符号的支撑，铁棍山药充其量也只是人们餐桌上的普通菜肴，更不能远销全国各地。因此，太极拳也需要外在的包装，从而使其形成一种时尚运动。

而在时尚系统中，商品符号意义的流动是通过两种途径实现的。一是"通过运动空间的选择，以及相伴随的运动身体和运动时间的消耗，从而完成了一种运动符号的表达，这种表达与时尚和品位紧密地联系在一起，共同表现一种阶层地位的建构"[1]；二是"社会精英（如产品设计者、时尚评论家及社会观察者等）对现有文化意义的塑造与精进，即作为时尚风向标的意见领袖能够充分发挥自身的创造力，鼓励与引领人们对文化类别与文化原则进行变革"[2]。

因此，太极拳文化品牌的时尚塑造，也需要运用商品符号意义流动的规律，一方面需要对太极拳运动空间进行规范化管理，即对运动场地、运动礼仪、运动场所的环境、服务等方面的合理规范，从而提升太极拳文化品牌的品位。如"台球、保龄球、高尔夫球之类的体育消费，事实上也标签化了：街头的美式台球桌和高级休闲中心的斯诺克球桌虽然就具体的活动内容而言无大差别，但球桌连同整个活动环境构成了不同活动的标签，标志出了不同等级的消费活动"[3]，体现出鲜明的运动空间消费与时尚之间的重要关系。

另外，太极拳文化品牌消费一定要吸收社会精英的参与，利用精英人群的影响力，提升太极拳文化品牌的时尚魅力。如网球被称为"贵族运动"。"高尔夫球也以其特殊的活动环境氛围构成了自己的标签。当一个人扛起一根高尔夫球棍时，无论他会不会打球，都已经通过球棍这个标签标示出了自

---

[1] 代刚.消费社会视域下体育消费文化生产模型的构建与分析[J].体育科学，2012（4）：3-10，28.
[2] 张曙光.浅析商品符号意义的社会建构——兼评麦克拉肯的文化意义流动模型[J].河北经贸大学学报，2008：4.
[3] 高小康.时尚与形象文化[M].天津：百花文艺出版社，2002：95.

己的身份"[1]，并成为富人的运动项目；而李小龙通过影视使中国功夫传播到了世界各地；李连杰的一部电影少林寺，使中国大地掀起了一股武术热。种种实例证明，社会精英人群对文化品牌传播的重要作用。因此，太极拳文化品牌也必须重视社会精英人群的引领作用，使其成为运动时尚。

二、太极拳文化品牌的个性打造：突出示差符号

作为消费物品第一层次符号的示差符号，"如造型、色彩、图案、包装等，传达了产品本身的格调、档次和美感，本身就是消费对象，是消费过程中的一个组成部分"[2]。而太极拳文化品牌的名称、商标、包装等内容，成为区分不同消费群体，凸显个性的重要表现形式。

（一）太极拳文化品牌的名称符号应具有独特性

品牌名称作为品牌语言符号的重要表现形式，对品牌推广有着重要的作用。品牌名称不仅向消费者传递产品的信息，也是消费者识别或者认同某一种产品的重要标记。品牌名称也是"产品特点的核心，它是产品唯一个永远不会改变的方面，也是国际营销的重要前提"[3]。太极拳文化品牌的名称作为太极拳文化符号的重要表现形式，对形成太极拳文化品牌消费有着重要的作用。

然而，在当前太极拳文化品牌推广中，其名称混乱、缺乏统一的标准，严重影响了消费者对太极拳文化品牌的认知。其体现为太极与太极拳概念混为一谈，在某种程度上太极成为太极拳的代名词。个别民间团体甚至地方政府在宣传的过程中，也混淆了太极与太极拳的概念。这与市场上以太极命名的企业或者商品产生了冲突。据中国商标网商标名称查询结果显示："商品分类仅选择第四十一类（教育；提供培训；娱乐；文体活动），以太极为查询内容的商标名称就多达153个。"[4]社会中对太极名称的使用也五花八门，商

---

[1] 高小康.时尚与形象文化[M].天津：百花文艺出版社，2002：95.
[2] 章海荣，方起东.休闲学概论[M].昆明：云南大学出版社，2005：269.
[3] 苏珊娜·哈特，约翰·莫非.品牌圣经[M].高丽新，译.北京：中国铁道出版社，2006：54.
[4] 国家知识产权局中国商标网.商标查询[DB/OL].（2021-07-28）[2023-08-01].https：//sbj.cnipa.sov.cn/sbj/sbcxl.

第一章　太极拳大众传播之基础：概念与理论

品涉及地理名称、运动、医药等多个领域。这不仅影响了太极拳文化品牌的形象，也使太极拳文化品牌的名称失去其作为语言符号的示差作用，从而也失去了其独特性。另外，"太极拳一词译介后的拼写形式十分混乱，表现出相当的差异性和随意性。这对于太极拳的国际化推广和传播极为不利，甚至会让世界太极拳爱好者对太极拳的公信力和科学性产生疑虑"[1]。因此，名称的混乱已经成为影响当前太极拳文化品牌打造的主要因素。

从符号消费的理论来看，品牌名称对消费者识别、认同该产品有着重要的作用。如耐克、阿迪达斯、李宁等品牌名称，传达的是时尚、高品质、高质量的运动服装形象，吸引了运动员及体育爱好者的消费，产生了巨大的经济效益。而品牌名称的混乱将直接导致消费者对该产品的认知混淆。因此，如何规范太极拳文化品牌的名称，并且使太极拳文化品牌名称与其他商品产生示差功能，是实现太极拳文化品牌消费必须重视的问题。而从品牌符号结构理论来看，要实现品牌名称的示差效果，必须重视"品牌符形系统"的建构，即从商品的标志、外观包装等符号系统入手，实现与其他相似商品的区分。

（二）太极拳文化品牌的标志必须具有明显示差作用

标志是"以单纯、显著、易识别的物象、图形或文字符号作为直观语言"[2]，以表达商品的个性特征、象征意义及与其他商品的与众不同。品牌标志一般是通过视觉的传达，表明商品的显著特征，主要表现为记号、图案、色调等组合。标志设计的重要原则是独特性、识别性。品牌标志作为品牌传播的重要外观符号，必须具有清晰、明确的识别性，使一般的公众都容易区别、分辨、认识及记忆，并能够留下良好深刻的印象。

然而作为中华优秀传统文化载体的太极拳，在文化品牌的推广过程中一直没有形成独特的标志符号。尽管太极拳与太极文化有着千丝万缕的联系，具有厚重中国传统文化内涵的太极图符号也曾被大多数太极拳习练者所认

---

[1] 周庆杰.冲突与融合：国际版本学视角下"太极拳"一词的译介研究[J].体育科学，2011，12：84.
[2] 王青剑.品牌VI设计[M].广州：岭南美术出版社，2010：43.

可。但是，作为文化品牌的太极拳，却没有形成统一的、具有显著特征的标志符号，或者说，当前太极拳文化品牌的标志符号仍然处于分散、混乱、漫无目的、任意拼凑的各自为战状态。在百度上搜索以"太极标志"为题名的图片就多达上万张。庞大、凌乱的太极标志符号市场，极大地弱化了太极拳文化品牌独特性，从而也就失去了其具有的示差作用。

因此，处于消费社会中的太极拳文化品牌，必须关注标志符号的示差消费作用，形成独一无二的标志符号，利用标志符号的差异性，吸引消费者的参与。因为，在"符号系统或结构中的每个符号都与其他符号相区别，即符号体现着差异、个性和等级。这是符号编码的内在因素。正是符号自身是有差异、个性和等级的，所以人为物化的社会，人的地位身份才能通过作为符号的物表现出来"[1]。如耐克"让人联想到竞争的快感、一流运动员和体育爱好者……，阿迪达斯带给人的感觉是追求卓越表现、积极参与和情感投入"[2]。太极拳文化品牌的标志符号，也必须塑造出和谐、养生、运动时尚和高品质的休闲生活等具有示差功能的文化符号，以此达到区别于其他相似运动项目的目的。

（三）太极拳文化品牌必须重视个性化包装

包装作为商品的外观符号，对商品的视觉符号传达有着重要的作用。包装的实质就是对商品的信息进行重新编码，从而使商品获得符号学的"意义"。因此包装也成为商品符号消费的重要组成部分，对构建"品牌符形系统"有着重要的作用。包装同时也是"商品符号化的一个重要手段。包装尽管是表面文章，但却对商品的符号化起非常重要的作用。它是产品的质量和性能在购买阶段的外在表现，是同类产品区分开来，从而获得个性化、独特性和示差化符号的重要手段，也是商品竞争的关键之一"[3]。尤其随着符号消费社会的到来，包装成为商品成功营销的重要手段。

---

[1] 张天勇.社会符号化——马克思主义视域中的鲍德里亚后期思想研究[M].北京：人民出版社，2008：102.
[2] 李良忠，王雪晶.李宁：创造一切可能[M].南京：凤凰出版社，2008：167.
[3] 张慧芳.位置消费论纲[M].西安：西安交通大学出版社，2011：73.

在体育消费市场领域中，包装同样对体育运动项目产业化发展有着重要的作用。如对乔丹、姚明等一批篮球运动明星的包装，使美国职业篮球联赛获得巨大的收益；对高尔夫运动环境、服务等包装，使高尔夫形成了"绿色、氧气、阳光、友谊"的符号意义，使其成为炫耀个人身份、财富的一种贵族运动；对跆拳道运动的礼仪、服饰、场地等方面的包装，使跆拳道体现"礼义廉耻、忍耐克己、百折不挠"的文化个性，吸引了大批青少年的消费。大量事实证明，在体育产业市场中，包装对该运动项目的成功营销起着重要的作用。

作为中国优秀传统文化载体的太极拳，虽然受众人群遍布世界各地，其运动价值也得到了人们的认可。但在品牌打造的过程中，由于受农耕文化的影响，缺乏必要的个性化包装，影响了太极拳文化品牌的消费。其表现为当前太极拳运动技术的推广多于其文化符号的推广。而太极拳运动技术作为"物"的使用价值，单从技术方面来讲，所体现的技击、健身功能，与西方体育项目所体现的功能价值区分度不大。而所蕴含的独具特色的中国传统文化，由于缺乏必要的包装，没有形成应有的文化差异性，甚至还有趋同西方体育文化的发展趋势，致使太极拳体现的文化个性缺失或者不足，影响了太极拳文化品牌的示差符号消费。因此，太极拳文化品牌必须重视文化符号的包装，改变当前重视技术传播，忽视文化传播的弊端，使其形成独具地域文化特色的符号，以此区别于西方体育运动项目。另外，太极拳文化品牌在推广的过程中，缺乏对运动场所、运动服饰及运动礼仪的包装，导致太极拳的运动场地较为随意、运动服饰不够时尚、运动礼仪不够规范，没有形成太极拳文化品牌的个性消费，也影响了太极拳文化品牌的示差符号消费。

三、太极拳文化品牌消费档次的提升：彰显象征符号

从符号消费的逻辑视角分析，品牌不仅具有使用价值，也具有某种象征意义。消费者消费品牌的同时，也借助于品牌所具有的象征符号，体现消费者的社会地位、身份、品位、生活方式等意义，从而得以实现社会地位的区分。处于消费社会中的太极拳文化品牌，也必须彰显出一定的象征符号意

义，体现出消费者的档次。

（一）太极拳文化品牌必须建构出提升社会地位的象征符号

随着社会由"福特主义"向"后福特主义"的转变，商品具有的象征意义消费越来越成为消费者的主要目的。消费本身也成为建构消费者社会地位的重要表达方式。而在体育消费领域，"象征是体育表现形式产生意义的基础"[1]，也是现代体育消费的重要内容。无论是作为体育服装品牌的耐克、阿迪达斯、李宁，还是引领体育时尚运动项目的高尔夫、斯诺克、网球、跆拳道等，都以其通过消费体育产品，或者是参与体育运动，体现出消费者不同于其他社会群体的象征意义，从而实现其社会地位的提升。而作为我国民族传统体育项目重要内容的太极拳，要融入现代消费市场中，其文化品牌的打造，就必须建构出能够提升消费者社会地位的象征意义。

凡勃伦的炫耀性消费理论认为，处于消费社会中的消费者，一直演绎着阶层攀比和社会地位竞赛的消费现象，人们通过地位消费的炫耀，显示出自身社会地位的与众不同。而产生于农耕文明社会中的太极拳，消费者的社会地位一直存在于社会底层，即使杨露禅曾经选择了以达官贵人为代表的上层社会人员作为消费对象，也促使太极拳能够在现代城市得以生存发展。但目前太极拳消费者的社会地位仍然不高，没有形成应有的炫耀性消费现象，影响了太极拳文化品牌的形成。

因此，太极拳文化品牌首先应重视其品牌定位，吸引上层阶级消费者的参与，形成上层消费群体的文化场域，以达到标榜消费者自身社会地位优越性的炫耀目的，以此引领太极拳的发展。如目前上海、北京等地出现的以白领阶层为消费对象的太极养生会所，就产生了良好地经济效益，为太极拳文化品牌打造起到了借鉴作用；另外，太极拳必须改变其民间俗文化的形象，提升太极拳文化品牌内涵，赋予太极拳精英文化特征的象征意义，使太极拳能够进入精英阶层的消费空间，从而体现出太极拳消费者的社会地位和独特的文化品位，促进太极拳文化品牌的发展。

---

[1]孙科，周宁，杜成革.试论体育形态的演化：象征·意义·生成[J].体育科学，2012，5：79-86.

第一章 太极拳大众传播之基础：概念与理论

（二）太极拳文化品牌要凸显消费者的品位、身份

在消费社会中，"地位群体是一套习俗制度的专门拥有者"[1]，不同的群体有着不同的消费内容和消费方式，"人们消费不同的产品就彰显出不同的地位、身份"[2]。而处于一定社会地位的消费者群体，总是有意识地通过参加高雅的音乐会、到高档的酒吧消费、开高档的汽车、住高级别墅及参加高品位的体育活动等方式，向其他阶层传达某种标识来标榜自身地位的与众不同，而品位和格调也成为区分不同社会地位界线的重要标识。

在体育消费领域中，高品位的运动方式同样备受上层社会的青睐。高尔夫可称得上是高雅运动的典范，人们背上高尔夫球杆，就已经表明了其拥有的身份、地位和品位；网球是一项优美而激烈的运动，网球运动也被称为"贵族运动""绅士运动"，体现了消费者的文化品位。而作为中国传统文化重要载体的太极拳，本身积淀了厚重的中国和谐文化、养生文化内涵，体现着独特的身体文化符号和中华优秀传统文化的品位。因此，从符号消费的逻辑视角分析，太极拳文化品牌一定要体现出自身的文化品位，从而提高消费者的身份和地位。

而"品位是共同的或者相似的消费观念、选择标准的一种集合，这种集合能够在一定程度上代表这一共同体的独有特征"[3]。换言之，不同地位的消费群体，通过不同的消费行为和消费模式，形成了不同的消费观念和不同的文化品位，即布迪厄的文化区隔理论所提出的"惯习"和"场域"。因此，太极拳文化品牌不仅是时尚、品位、情趣的集合体，还是一种对情绪、对思想、对某种心理状态乃至对某种生活的体验过程，即一种优雅的生活方式。太极拳文化品位的形成，一方面需要挖掘、整理太极拳所蕴含的优秀文化内容，并通过广告或者包装形成一种时尚，使处于一定阶层的人们形成一种消费观念的"惯习"，进而体现出这个阶层消费者的文化品位；另一方面，

---
[1] Webr Max.Ecinomic and Society [M]. by Guenther Roth and Claus Wittich, Berkley: University of California Press, 1968: 937.
[2] 张天勇.社会符号化——马克思主义视域中的鲍德里亚后期思想研究[M].北京：人民出版社,2008: 8-9.
[3] 王建平.中国城市中间阶层消费行为[M].北京：中国大百科全书出版社，2007：227.

太极拳文化品牌要注重特定"场域"建构，即太极拳文化品牌空间符号的建构。通过对太极拳文化品牌消费空间的包装，从而使人们形成一定的消费行为或生活方式，即形成这个消费阶层的消费"场域"，通过对能够体现消费者社会地位的场域的构建，体现出消费者的身份。

四、太极拳文化品牌必须拓展空间符号消费

在现代消费社会中，不同的消费场所、消费环境，以及在特定场所给消费者提供的服务等因素，共同组成了消费的空间符号。消费空间也成为消费的重要内容。从消费社会的逻辑出发，太极拳文化品牌必须重视消费空间的重要作用。

（一）太极拳文化品牌必须关注消费场所的建构

在现代消费社会中，空间具有的社会学意义逐渐得到人们的认可。对于空间的整合与征服，已经成为现代消费主义得以维持的主要手段。因此，空间也成为符号消费的主要内容。正如德国哲学家亨利·列斐伏尔所说的："空间里弥漫着社会关系；它不仅被社会关系支持，也被生产关系和社会关系所生产。"[1]消费场所作为消费空间的组成部分，其消费环境、氛围、情调等方面与消费的商品一起共同构成了符号消费的主要内容，消费场所也成为人们展现和标榜自身地位和身份的符号。

太极拳文化品牌的推广必须重视消费场所的建构。然而，长期以来，产生于农耕文明社会中的太极拳，其家族式传承一直是太极拳延续发展的重要传播方式，围绕着以家为中心的消费场所也极大地影响着人们对太极拳的消费观念，并形成了以家庭内外、田间地头、马路、公园为特征的消费场所。而这些运动场所的选择，具有典型的私人空间特征，往往比较随意，缺乏统一的标准，更没有形成应有的消费环境、氛围、格调等消费符号，影响了太极拳文化品牌的空间符号价值。

因此，太极拳文化品牌的符号消费，必须实现从家庭私人空间向公共消

---

[1] 陆小聪，袁浩.现代城市社会学[M].上海：上海大学出版社，2022：87.

第一章　太极拳大众传播之基础：概念与理论

费空间的转变，建构出能够融入现代消费空间的运动场所。如最早高尔夫球的运动场所是牧场，后来高尔夫的球场搬到室内等地方，而后又出现了以模拟牧场的现代高尔夫球运动场所。高尔夫运动场所的变化，使其很快融进了现代的消费空间，成为精英人群休闲、健身、消费的主要运动方式。太极拳文化品牌的推广，必须改变以家族传承为主的私人消费空间模式，建构出相对固定的公共消费场所。尤其伴随着中国城镇化进程的不断加快，融进城市生活中太极拳，必须要有适合现代城市消费者的公共运动场所，从而拓展太极拳文化品牌的空间符号消费。

（二）太极拳文化品牌必须重视消费环境

消费环境是一个非常复杂的系统，主要包括自然生态环境、物质环境、社会、文化环境等部分。消费环境作为空间符号的组成部分，也是消费的主要内容。德国符号学家本泽认为："作为符号的任一物质对象都可以表征其他的一定事物，这并不仅仅取决于约定俗成，还取决于这个符号是在一定的情境中起作用……要想使消费者对品牌的感知符号、阐释符号产生知晓、认同、关联、归属的感觉，就需要为这些符号搭建一个情境平台，使消费者能够在这种情境中充分体验品牌带来的独特感受。"[1]而对于太极拳文化品牌来说，也同样需要搭建一个情境平台——良好的消费环境，以体现太极拳文化品牌的空间符号消费。

首先，太极拳文化品牌需要一个良好的自然生态环境空间。随着城镇化进程的不断发展，人们生活的自然环境遭到极大的破坏。大气、噪声、城市环境、水资源等一系列污染因素，影响着人们的身心健康，并严重挤压了人类的生存空间，导致现代人们亟须找寻一个山清水秀、空气清新的良好生态环境。太极拳作为中国传统文化重要载体，本身蕴含着崇尚自然、注重天人合一的文化特征。因此，太极拳文化品牌的自然消费环境，必须要突出与自然融合的文化理念，构建一个空气清新、环境优美、碧水蓝天、远离噪声、舒适安静的运动环境，从而为现代人们急躁的心灵寻找一个安静的休闲空间。

[1] 沈毅.经济报道与品牌传播[M].北京：清华大学出版社，2004：287.

其次，太极拳文化品牌需要一个现代化的物质环境空间。随着人们消费水平与消费方式的改变，人们对消费场所的水、电、暖、交通等物质环境要求越来越高，而消费场所物质环境的好坏，也直接影响着人们的消费选择。因此，太极拳文化品牌的物质环境空间，必须要充分考虑消费者运动过程中的物质需要。充分利用现代化科技，对太极拳运动场所的水、电、暖、现代通信设施、影像设备等基本设施进行科学的规划，尽量为消费者提供一个便利的、具有现代化气息的运动环境，以满足消费者的需求。

最后，太极拳文化品牌需要营造一个独特的社会、文化环境。生活在现代城市中的人们，高楼大厦所构建的混凝土"监狱"淡化了人与人之间的关系，使人们之间的感情变的冷漠、无情，影响了社会的和谐发展。而太极拳本身就蕴含着厚重的中国"和"文化理念。无论是太极拳的运动方式、修行理念，还是太极拳的技击推手，无处不体现着"和"的思想。因此，太极拳的运动场所要突出和谐文化氛围的塑造，用中国和谐文化的理念，营造出一个独特的和谐文化环境。为消费者提供一个思想交流的空间，人际关系和谐的运动氛围，从而拉近人与人之间的距离，促进人的身心和谐。

随着中国经济的发展及世界地位的提高，文化越来越成为一个国家综合国力的体现。太极拳作为中华优秀传统文化的典型代表，成为中国文化走出去的重要内容。然而今天的太极拳发展，必须要依靠文化品牌的力量，而文化品牌的打造，也必须要关注消费社会的消费逻辑，从符号消费的视角，研究太极拳文化品牌的符号意义、示差功能、象征意义及消费空间等符号价值，使太极拳文化品牌形成一种标识性文化符号，引领人们对太极拳的消费，进而让中国和谐文化思想走向世界，让世界了解中国优秀的文化。唯其如此，太极拳文化才能彰显出应有的时代价值，为人类社会的和谐发展贡献一份力量。

第二章
太极拳大众传播之起源：论争与辨明

太极拳起源问题一直是学界关注的重要话题。围绕着太极拳起源的地点、人物、成因等影响因素，诸多武术史学专家提出了太极拳起源的真知灼见，对太极拳大众传播奠定了基础。然而，由于太极拳口传心授的传承特点，在发展的历史长河中遗存的物质实证材料较少，给探究太极拳起源造成了巨大困难，同时也形成了诸多太极拳起源说的纷争，使太极拳的起源变得真假难辨，给太极拳大众传播带来了诸多负面影响。因此，基于太极拳技术形成的内在逻辑，结合太极拳形成的文化成因及地域影响，从武术拳种生成的视角，对太极拳起源说所产生的论争进行辨明，为太极拳大众传播指明方向。

第一节 太极拳起源的假说

太极拳古时又称"长拳""软手""绵拳""十三势"。关于太极拳的起源，自近代以来一直备受争议。关于太极拳的起源众说纷纭，大致形成了唐代许宣平创拳说、唐代李道子创拳说、宋代张三峰与明代张三丰创拳说、明末清初陈王廷创拳说、王宗岳创拳说，以及李仲、李岩创拳说等几种各自相异的说法。围绕着太极拳的起源，无论是研究太极拳的学者，还是民间太极拳的传承者，大家都站在各自的立场上，对太极拳的起源进行了多方面阐释，为探究太极拳的起源提供了诸多思路。

一、唐代许宣平创拳说

关于许宣平创拳说，依据是宋远桥记的《宋氏太极功源流支派论》，其中记载："自余而上溯。始得太极之功者。授自唐代于欢子、许宣平。至余十四代。有断亦有继者。许师系江南徽州府歙县人，隐城阳山，即本府城南紫阳山。"[1]

《宋氏太极功源流支派论》是一部记录太极功的文献。最早出现是在1908年（清朝光绪三十四年），张熙铭将家中珍藏的《宋氏家传太极功源流支派论》清初抄本赠予好友吴图南。吴图南如获至宝，并分别送给了许禹生、吴鉴泉、杨少候、刘彩臣等人，由此《宋氏太极功源流支派论》开始广泛传播开来。

1916年，袁世凯手下的一个幕僚宋书铭，自称是明代宋远桥的第十七世孙。当时年已七十高龄，擅长太极拳，名曰"三世七"，也叫"长拳"。宋书铭有一本古谱，经过对照与吴图南所得拳谱几乎相同。根据书中内容，认为太极拳是由唐代许宣平传下来的，当时叫作"三十七式太极拳"，后经宋远桥改造后形成"宋氏太极拳"。从另一个方面也印证了《宋氏太极功源流支派论》一书的内容。

《宋氏太极功源流支派论》所记载的太极拳的名称如下：

①云手；②弯弓射雁；③手挥琵琶；④进搬拦；⑤簸箕式；⑥凤凰展翅；⑦雀起尾；⑧单鞭；⑨上提手；⑩倒撵猴头；⑪搂膝拗步；⑫肘下捶；⑬转身蹬脚；⑭上步栽捶；⑮斜飞式；⑯翻身搬拦；⑰玉女穿梭；⑱高探马；⑲转身摆莲；⑳上跨虎；㉑揽雀尾；㉒扇通臂；㉓海底珍珠；㉔弹指；㉕转身摆莲；㉖指点捶；㉗金鸡独立；㉘泰山升气；㉙野马分鬃；㉚如封似闭；㉛左右分脚；㉜挂树蹬脚；㉝推展；㉞二起脚；㉟抱虎归山；㊱十字摆莲；㊲收式。

史美雄在对《宋氏太极功源流支派论》一书进行研究时，认为：此书概述部分共分为两大内容，其中"上半部为宋远桥亲笔撰写，下半部为宋远桥后代孙补写，其时为清代乾隆年间，因书上有一句'予上祖宋远桥'，如果

---

[1] 宋远桥，吴家新.宋氏太极功源流[J].武当，2008（3）：9-10.

后面为同一人执笔，根本不会这样写的"[1]。另外，史美雄在对该书内容与博爱唐村的《李氏家谱》进行对比后，发现宋远桥后代孙在清高宗乾隆年间，曾到过博爱县唐村李家，互相印证武功。但博爱唐村《李氏家谱》中记录了共六篇，分别为《十三势行功歌》《十三势论》《十三势释名》《十三势行功心解》《打手歌》《太极拳论》。尽管《宋氏太极功》笔记中同样有这六篇文章，但有些是没有题目的。因此，史美雄在对各种资料分析后得出：《宋氏家传太极功》上半部为宋远桥亲笔记录，绝对有参考价值，而下半部分是后代孙的补充，反之不及唐村《李氏家谱》写得详尽，参考价值较差。有时间、有地点、有人物、有拳谱、有拳论，长期保存在唐村李家，也不存在有他人删改的问题，所以后人认为以宋远桥为首的武当七子，到武当山玉虚宫拜张三丰的说法，可能只是美丽的误会[2]。

二、李道子创拳说

李道子与许宣平处于同一时代，其创拳说也是依据宋远桥的《宋氏太极拳源流支派论》，其中记载："俞家太极功系唐代李道子所传。俞氏代代相承，每岁必拜李道子之庐。"李道子传授的拳术叫先天拳，也叫长拳，并且有一首歌诀："无声无象，全身空透，应物自然，西山悬磬，虎吼猿鸣，水清河静，翻江倒海，尽性立命。"据说这歌诀在杨式太极拳、犹龙派太极拳等太极拳门派中流行。

俞家祖居江南宁国府，所练习的太极功，名曰"先天拳"，或者叫"长拳"。这种拳法相传源自唐朝的李道子。李道子是江南安庆人，到宋代时，李道子与俞家关系甚好，是莫逆之交。到明代时期，有一个人经常居住武当山南岩宫，"不伙食，日吃鼓数合，人又称之为夫子李，见人不及他语，唯云大造化三字。既云唐人，何以知明时夫子李，即李道子先师耶"。从以上资料记载中可以发现，此人近乎仙人。

---

[1] 史美雄.宋氏家传太极功源流支派论新探[J].武当，2010（7）：15.
[2] 史美雄.宋氏家传太极功源流支派论新探[J].武当，2010（7）：15.

三、张三丰（峰）创拳说

关于张三丰创拳说流行较广，影响也较大，其争论也最大。历史上有关张三丰的传说最多，甚至称其为太极拳鼻祖。据沈寿点校的《太极拳谱》中记载："关于'内家拳法起于宋之张三峰'之说，初见于清代黄宗羲所撰《王征南墓志铭》一文中。"文中是这样记载的："少林以拳勇名天下，然主博于人，人亦得以乘之。有所谓内家拳，以静制动，犯者应手即仆，故别少林为外家，盖起于宋之张三丰。"

在"陈王廷创拳说"盛行以前，张三丰创拳说是传统定论。如杨澄甫所著《太极拳体用全书》自序中说："先大父更诏之曰，太极拳创自宋末张三丰，传之者，为王宗岳、陈州同、张松溪、蒋发诸人相承不绝。"并且附有《张真人传》。更早如李亦畬《太极拳小序》中也说："太极拳始自宋张三丰。"今人亦多有赞同此说者。其佐证文献如《三丰全书》，其中记载"少林为外家，武当张三丰为内家"。近代以来，随着金庸小说及武侠电影的传播，张三丰创造太极拳又被搬上了银幕，使张三丰创拳说深入人心，对普通大众认知太极拳有着深远的影响。

四、陈王廷创拳说

陈式始祖陈卜，原籍山西泽州郡（现今山西晋城），后来由泽州搬居山西洪洞县。明洪武七年（1374年）迁居河南怀庆府（现今沁阳）。因始祖陈卜为人忠厚，精通拳械，深为近邻乡民所敬重。故将其居住的地方叫陈卜庄。中华人民共和国成立后，陈卜庄划给温县。先祖后因陈卜庄地式低洼，常受涝灾，又迁居温县城东十里的常阳村。村中有一条南北走向的深沟，随着陈氏人丁繁衍，常阳村更名陈家沟。

陈式第九世陈王廷（1600—1680年），又名陈奏庭，是明末文庠生、清初武庠生，文武双全，在河南、山东一代负有盛名。陈王廷老年时，在耕作之余，依据自己祖传的一百单八式长拳，博采众家之长，结合易学阴阳五行之理，并参考传统中医经络学说及导引、吐纳之术，创造了一套具有阴阳相合、刚柔相济的拳术，即为太极拳。

据近代武术史学家唐豪、顾留馨考证认为，太极拳实出于河南温县陈家沟明末人陈王廷。其依据有三，一是陈氏家谱第12页陈王廷旁注有"陈氏拳手，刀枪创始人也"；二是，陈家沟旧抄本《长拳谱》中有二十九式的名称，与戚继光的《纪效新书·拳经捷要篇》所记载的拳式名称相同；三是，陈王廷有词一首："叹当年，披坚执锐，扫荡群氛，几次颠险！蒙恩赐，枉徒然，到而今，年老残喘。只落得《黄庭》一卷随身伴，闷来时造拳，忙来时耕田，趁余闲，教下些弟子儿孙，成龙成虎任方便……"由此推断出陈王廷创造了太极拳。

五、王宗岳创拳说

王宗岳在中国太极拳史上有着重要地位，这也被历代拳家所公认。他首次运用易学概念，写成《太极拳论》。遂使"太极拳"名称得以确立，这篇文章也成为太极拳传统理论的最高水平。由于王宗岳第一次较为系统地论述了太极拳拳理、拳技，故有人据此认为王宗岳总结前人经验，首创了太极拳。

山右王宗岳太极拳论

太极者，无极而生，动静之机，阴阳之母也。动之则分，静之则合。无过不及，随曲就伸。人刚我柔谓之走，我顺人背谓之粘。动急则急应，动缓则缓随。虽变化万端，而理唯一贯。由招熟而渐悟懂劲，由懂劲而阶及神明。然非用力之久，不能豁然贯通焉。虚领顶劲，气沉丹田，不偏不倚，忽隐忽现。左重则左虚，右重则右杳。仰之则弥高，俯之则弥深。进之则愈长，退之则愈促。一羽不能加，蝇虫不能落。人不知我，我独知人。英雄所向无敌，盖皆由此而及也！斯技旁门甚多，虽势有区别，概不外"壮欺弱""慢让快"耳，有力打无力，手慢让手快，是皆先天自然之能，非关学力而有也。察四两拨千斤之句，显非力胜！观耄耋御众之形，快何能为？立如准，活似车轮，偏沉则随，双重则滞。每见数年纯功不能运化者，率皆自为人制，双重之病未悟耳。欲避此病，须知阴阳，粘即是走，走即是粘，阳不离阴，阴不离阳，阴阳相济，方为懂劲。懂劲后愈练愈精，默识揣摩，渐至从心所欲。本是舍己从人，多误舍近求远，所谓差之毫厘，谬之千里，学者不可不详辨焉！是为论。

王宗岳是清乾隆年间的山西人(故称山右)。1792年他在河南洛阳教书，1795年在河南开封教书。他的武术著作有《太极拳论》一篇，解释长拳和十三式内容的残稿一篇，修订了《打手歌》和《阴符枪谱》共四篇。

王宗岳的《太极拳论》实际上是概括性很强地总结太极拳经验的理论。它以太极理论为指导思想，依据我国古代哲学朴素的阴阳学说，"一阴一阳之谓道"，以此阐释太极拳的基本理论。王宗岳"将无极、太极、阴阳之道融入了太极拳中，其中的核心是将陈抟内丹修炼最高境界的无极作为太极拳理论的最核心概念。无极同时又是太极拳技术中最核心的技术，站无极桩必须站出无极态，只有得到无极态，才能真正地深入研究太极拳的其他技术。"[1]由于王宗岳对太极拳理论作出的巨大贡献，也使《太极拳论》成为太极拳界的经典之作。并且，太极拳的名字第一次出现在此篇拳论中。因此，有人认为是王宗岳创造了太极拳。

六、陈王廷、李岩、李仲创拳说

随着对太极拳起源研究的不断深入，有些学者对太极拳的起源提出了新的观点，即陈王廷、李岩、李仲三人共同创造了太极拳的说法。焦作市博爱县唐村与温县陈家沟相距数十里。据唐村《李氏家谱》记载：陈家与李家都是从山西洪洞迁移来的；两家世代关系非常好；陈王廷与李岩、李仲是姑表关系，陈王廷的母亲为李岩、李仲的姑母。由于陈、李家两家为姻亲关系，陈王廷自幼便拜其舅舅李春茂为师，与表兄李仲、表弟李岩一同习武练拳。

---

[1] 罗为民. 王宗岳《太极拳论》文对无极太极的完善与贡献[J]. 武当, 2021, 366(2): 22-23.

在焦作市博爱县唐村千载寺（位于博爱县的一个地名）中，现在还有关于无极养生功和十三式拳、剑、枪等武术技艺的记载，为太极拳的创造奠定了基础。太极养生功为他们姑表三兄弟共同创编。

对以上太极拳起源的论述，尽管都有着不同的说法。但由于武术史料的缺乏，以及很多史证的不完整，使太极拳源流问题一直扑朔迷离、备受争议。因此，对太极拳的起源，应该以历史唯物主义与辩证唯物主义为原理，给予太极拳起源一个相对客观的认识。

第二节　太极拳起源的论争

太极拳的众多起源假说，有的具有一定的历史可信度，有的则是伪托、或假说，并没有相关历史依据。对现有太极拳起源假说的认识，应该明确其存在的合理性及不足之处，为太极拳的发展提供借鉴。

一、关于许宣平创拳说

许宣平创拳说的主要依据是《宋氏太极功源流支派论》。但根据学者龚克的考证，《宋氏太极功源流支派论》为假冒伪劣产品[1]。理由如下：一是文中两次称明朝为"明"，不符合当时人们对明朝的称呼；二是文中三次出现"江南"这个地名。不符合历史事实。从明太祖建都南京后，就改称"京师""南京""南直隶"，而不称"江南"；三是文中称许宣平为"江南徽州府歙县人"，其明朝的"徽州府"在唐朝属新安郡，后来改为"歙州"；四是从许宣平所著的几篇文章中，其文章的风格与唐代的文风相差较大。根据以上的研究结论可以判断，《宋氏太极功源流支派论》是一部托名的著作。因此，许宣平创拳说也失去了可信度。

二、关于李道子传拳说

李道子是河南河内人，出生在唐朝时期。相传李道子出生时"神龙降

---

[1] 龚克.许宣平、李道子与太极拳无涉[J].中华武术，1994，（8）：28-29.

凡，马兰草母诞世"，这使李道子的身世充满了神奇的色彩。据传，李道子小时候非常聪明，过目不忘，很有才华。之后，李道子创编了养生功，为后来李道子创编太极拳提供了线索。然而，尽管李道子创编的养生功与太极拳的风格有相似之处，但并未说李道子创编的养生功就是太极拳。何况，以养生为主要目的的动作发展和以技击搏斗为主要特征的武术拳种，似乎也不符合武术技术演变的特征。因此，李道子创太极拳似乎也充满着不确定性。

龚克在研究许宣平创拳说的过程中，对李道子也有涉及[1]。在对李道子生平事迹挖掘整理的过程中发现，李道子经常吃"麸子"，因此被叫作"夫子李"或"麸子李"。但综合李道子相关的资料，龚克认为"李道子"创拳说，不过是附会"道士创太极拳说"而创造出来的伪作。缺乏历史依据，因此此种说法是不可信的。徐哲东先生也根据对许宣平、李道子等问题的研究，认为李道子传拳说存在着夸张、伪托、牵强附会的论断。就将此二说斥为"伪托"，没有任何史实依据和史料价值，此种说法也不值得再去研究。

三、关于张三丰创拳说

在历史上，至少有三个张三丰，即北宋时期的张三丰生于1100年前，据说是内家拳的创始人，曾路中梦神人授拳；元代的张三丰擅长书画诗词；明初的张三丰是一个"通微显化"的人物，其精通炼丹、淡泊名利。

关于张三丰其人，充满着很多传说。宋代、元代的张三丰曾有过"死而复活"的现象，有"夜梦元帝授拳"经历，此种说法充满了玄学和神学，使张三丰创拳说牵强附会、难辨真伪，成为虚拟的小说演绎，因此也缺乏可信度。1844年被长乙山人李涵虚重编的《三丰全书》虽然夸大其词地宣称见过14世纪的张三丰，但也未曾说过张三丰会拳术或创造太极拳。因此，宋朝、元朝的张三丰与太极拳起源没有关系。而明朝的张三丰是道教史上一位具有传奇色彩的人物。在明朝的文献中，最早对张三丰的记载出自《太岳太和山志》卷六"集仙记第五"："张全一，字玄玄，号三伴。相传留候之裔，

---

[1] 龚克.许宣平、李道子与太极拳无涉[J].中华武术，1994，（8）：28-29.

不知何许人？丰姿魁伟，龟形鹤背，大耳圆目，须髯如戟，顶中作一髻。"[1]张三丰作为道教的一位人物，在不同的历史碑文中也有记载。但"把太极拳与张三丰连在一起，最早的出处见于李亦畬的两则遗文。"[2]，但"'太极拳始自宋、张三丰'一语于1867年出现后，受到了当时健在的杨露禅和武禹襄等的质疑，作者李亦畬自己也感到此说法无依据，因此，在'手订'《太极拳谱》时将此语改定为'太极拳不知始自何人'，并以'亦畬手订'的落款形式，告知读者以此为准。1881年距今（2007年）已126年。可以说，康戈武教授在考察了诸多文献后，认为'张三丰创太极拳说'在一百余年前已被识者否定了"[3]。因此，无论是宋朝、元朝的张三丰，还是明朝的张三丰，都与太极拳无甚干系。或者说，张三丰创拳说缺乏可靠的史料依据。

四、陈王廷创拳说

陈王廷创拳说是近代武术史学家唐豪和顾留馨考证的结果，具有一定的可信度，使陈王廷创拳说具有了史学的依据。中国民间文艺家协会组织了国内武术界、考古界、民俗学等方面的专家组，专门对温县申报太极拳发源地进行了考察，一致认定"温县是中国太极拳的发源地"。2007年8月22日，国家体育总局为温县举行了"中国武术太极拳发源地"揭牌仪式。中国武术协会命名温县为"中国武术太极拳发源地"。但有学者对《陈氏家谱》中关于陈王廷创"拳手刀枪"的注解有异议，认为陈王廷创拳是不可信的。另外，根据徐哲东的研究认为，陈王廷造拳只是改造已有的拳法，而不是创造新的拳种。于志均也认为，《拳经总歌》与少林拳歌诀有很大关系，而不是太极拳[4]。

我国著名武术老前辈李天骥先生专门前往河北卢龙县调查后认为，顾留馨把河北省的陈王庭当成了陈王廷。河北这位是明朝进士，陈家沟的是清

---

[1] 纪昀. 钦定四库全书总目[M]. 上海：中华书局，1997：1023.
[2] 康戈武. 解读："温县被命名为中国武术太极拳发源地"[J]. 体育文化导刊，2008，67（01）：24-27.
[3] 康戈武. 解读："温县被命名为中国武术太极拳发源地"[J]. 体育文化导刊，2008，67（01）：24-27.
[4] 于志钧. 太极拳史[M]. 北京：中国人民大学出版社，2011：180.

朝庠生，不是同一个人。后来经顾留馨先生考证，"家谱中之陈王庭，族谱、墓碑、温县志俱作陈王廷，应以陈王廷为是"[1]。

尽管以上学者对陈王廷创拳提出了质疑。但康戈武教授依据现存的文献资料，以及对各派太极拳演化的历程分析后，认为太极拳源于温县是最具有说服力。这也是现在关于太极拳起源最为可靠的说法。

五、王宗岳创拳说

王宗岳名字的出现最初见于李亦畬撰编的《太极拳谱》。此谱首篇《太极拳论》标题处，署名"山右王宗岳"。李亦畬《太极拳谱·跋》指出"此谱得于舞阳盐店，兼积诸家讲论，并参鄙见"[2]，述及了山右王宗岳太极拳论的来源。但根据康戈武"一而再地考察，都找不到山右王宗岳实际存在的依据"[3]。显而易见的是，山右王宗岳仅是出自武禹襄一人之口的人名符号。王宗岳没有实际存在的可能，所谓王宗岳传蒋发，蒋再传他人的说法，也就失去了依据。

六、陈王廷、李岩、李仲创拳说

博爱县位于太行山南麓，焦作市西北部。博爱唐村与温县陈家沟相距数十里。根据《李氏家谱记载》，陈、李两家为姻亲关系。"陈王廷与李岩、李仲系姑表关系，李岩、李仲的姑母，即为陈王廷的母亲"[4]。"陈王廷自幼便拜其舅舅、武术家、武术理论家李春茂为师，与表兄李仲、表弟李岩一同习武练拳"[5]。之后，陈王廷回到了陈家沟创立了太极拳。此种说法是当代学者基于对博爱唐村考证的基础上而得来的结论。尽管这种说法尚未得到大家的

---

[1] 顾留馨.太极拳术[M].上海：上海教育出版社，2012：297.
[2] 瀚海文化.太极拳源流之谜[M].太原：山西科学技术出版社，2009：20.
[3] 康戈武.解读："温县被命名为中国武术太极拳发源地"[J].体育文化导刊，2008，67（01）：24-27.
[4] 杨玉东，魏美智.陈王廷、李岩、李仲创编太极拳始末及文化渊源[J].中州体育少林与太极，2008，1（1）：8-12.
[5] 杨玉东，魏美智.陈王廷、李岩、李仲创编太极拳始末及文化渊源[J].中州体育少林与太极，2008，1（1）：8-12.

一致认可，但距离温县陈家沟仅有数十里的博爱唐村，可能与太极拳的产生存在着某种关系。陈王廷、李岩、李仲创拳说有待于后来的学者深入研究。

七、太极拳发源于河南温县的论断

1. 现有研究成果表明太极拳发源河南温县

纵观以上研究成果，尽管关于太极拳的起源众说纷纭。其中不乏虚构史料，扰乱太极拳起源历史事实的论断。但现传的各式太极拳均与河南温县陈家沟太极拳有关。陈式第九世人陈王廷，依据祖传之一百单八式长拳，博采众家精华，结合易学阴阳五行之理，参考中医经络学说及导引、吐纳之术，创造了一套具有阴阳相合、刚柔相济的拳术，即为太极拳。其包括五路拳、一路炮捶、双人推手及器械等套路。后来逐渐形成了赵堡、杨式、吴式、武式、孙式等多种流派，开始在全国普及推广。其代表人物有陈长兴、陈清平、陈鑫、陈发科、陈照丕等人。

陈式太极拳创始人陈王廷（1600—1680年），字奏庭，明末清初人，文武兼修，精于拳械。在山东、河南一带很有声望。陈王廷著作因年代久远，多遭散失，现尚存有《长短句》《拳经总歌》，内容如下。

长短句

叹当年，披坚执锐，扫荡群氛，几次颠险！蒙恩赐，枉徒然，到而今，年老残喘。只落得《黄庭》一卷随身伴，闷来时造拳，忙来时耕田，趁余闲，教下些弟子儿孙，成龙成虎任方便。欠官粮早完，要私债即还，骄谄勿用，忍让为先。人人道我憨，人人道我颠。常洗耳，不弹冠。笑杀那万户诸侯，兢兢业业，不如俺心中常舒泰，名利总不贪。参透机关，识彼邯郸，陶情于鱼水，盘桓于山川，兴也无干，废也无干。若得个世境安康，恬淡如常，不伎不求，那管他世态炎凉，成也无关，败也无关。不是神仙谁是神仙？

拳经总歌

纵放屈伸人莫知，诸靠缠绕我皆依。

劈打推压得进步，搬摞横采也难敌。

钩掤逼揽人人晓，闪惊巧取有谁知？

佯输诈走谁云败？引诱回冲致胜归。

滚拴搭扫灵微妙，横直劈砍奇更奇。

截进遮拦穿心肘，迎风接步红炮捶；

二换扫压挂面脚，左右边簪庄跟腿；

截前压后无缝锁，声东击西要熟识。

上笼下提君须记，进攻退闪莫迟迟。

藏头盖面天下有，攒心剁肋世间稀。

教师不识此中理，难将武艺论高低。

自陈王廷后，陈家沟练习太极拳风气逐渐形成，有"喝喝陈沟水，都会翘翘腿"的谚语。太极拳也在陈氏家族内部中秘密流传开来。

至清代中期，陈式第十四世陈长兴（1771—1853年），在祖传老架套路基础上，创造性发展为现在的陈式太极拳一路、陈式太极拳二路，即现在的陈式太极拳老架（大架）。陈式第十四世陈有本（1780—1858年）在原有动作基础上，舍弃了一些高难度和发劲的动作，创编出陈式太极拳小架一路、陈式太极拳小架二路。陈式第十六世陈鑫（1849—1929年），在总结祖辈传拳经验基础上，结合易理、经络学说，阐释陈式太极拳理法，著《陈氏太极拳图说》，后成为太极拳经典之作。中华人民共和国成立初期，陈式十七世陈发科（1887—1957年）又在陈式传统太极拳的基础上，创编了太极拳新架一路、二路。

2. 现有太极拳流派的产生与陈式太极拳有密切关系

目前现有的太极拳流派，都直接或间接与陈式太极拳有密切联系，或

第二章　太极拳大众传播之起源：论争与辨明

直接从学于陈式太极拳，或间接受到陈式太极拳的影响，这也为太极拳发源温县提供了依据。陈式太极拳自陈王廷创拳以来，一直在陈家沟内部世代相传，外人不得窥其貌。直到杨露禅来到陈家沟学拳后，陈家沟拳太极拳才被世人所见，并发展到了一个新的历史阶段。杨露禅（1799—1872年），直隶省广平府人，为杨式太极拳创始人，从学于陈式第十四世陈长兴。杨露禅在学习太极拳的十八年中三下陈家沟，深得陈式太极拳精髓。学成后，到北京传授拳艺，人称"杨无敌"。他为了顺应强身健体的需求，改进了陈式老架拳中高难度动作，使姿势更为简单，动作柔和易练。此拳架经过他的儿子杨健侯（1839—1917年）、他的孙子杨澄甫（1883—1936年）等人不断完善后，形成了现在流传较广的杨式太极拳。

陈式第十五世拳师陈清平（1795—1868年），师承于陈式十四世陈有本（1780—1858年）。陈清平在所学拳术基础上，创编了一套架式小巧紧凑、动作缓慢的套路，即后来的赵堡太极拳。陈清平在传授技艺的过程中能够因材施教，使所授徒弟多有所成。其弟子和兆元（1810—1890年）得传后，经过悉心学习创代理架，后来形成了现在的和式太极拳。其他弟子任长春（1835—1906年）创领落架、李作智（1844—1914年）创腾挪架、李景炎（1825—1893年）创忽雷架、武禹襄（1812—1880年）创武式太极拳。

武式太极拳创始人武禹襄（1812—1880年）是清代直隶广平府人，自小爱好武术，早期跟随杨露禅学习陈式太极拳。他于1852年来到温县赵堡镇，跟随陈清平学习太极拳，始得精妙。此后勤加钻研，创编出一套拳势紧凑、步法灵活、动作柔缓的拳术，后来称为武式太极拳。

孙式太极拳创始人孙禄堂（1861—1933年）是河北顺平县北关人。孙禄堂先后著述《太极拳学》《形意拳学》《八卦掌学》《拳意述真》《八卦剑学》《论拳术内外家之别》等重要专著和文章。他早年习练形意拳、八卦掌，民国时期从学于郝为真习得武式太极拳。后来他以武式太极拳为基础，将形意拳的进步必跟、退步必撤步的步法特点，八卦掌拧旋敏捷的身法特点，以及两种拳术的手法特点融会贯通于太极拳中，创立了孙式太极拳。

吴式太极拳传承人吴鉴泉（1870—1942年），河北大兴人。其父吴全佑早期跟随杨露禅学习太极拳，后来又拜师杨露禅次子杨班侯学习小架太极拳。吴鉴泉自幼秉承家学，擅长小架太极拳，在杨式小架太极拳的基础上逐步修订，去掉小架太极拳中的发劲、跳跃和重复动作，突出轻柔、缓慢、圆活、连绵的动作特点，创立了吴式太极拳。

产生于明末清初的太极拳，在众多武术家的共同努力下，呈现百花齐放的发展势头。各种武术技术的融入为太极拳发展注入了新的活力，促成了不同流派太极拳的产生。太极拳自身技术特点的演变，吸引了更多的人参与到太极拳习练中，促进了太极拳的普及与推广。太极拳健身养生价值的凸显，满足了大众健身的需求，促进了太极拳的世界传播。今天的太极拳以深厚的文化底蕴、独特的健身价值，满足着新时代国家发展与社会建设的需要。

总之，对太极拳的起源，既有假说，也有质疑与论争。但根据现有的史料，太极拳源于河南焦作温县是比较可信的观点。因此，随着对历史史料的挖掘与整理，太极拳究竟创自何人，起源何方，学者不仅需要进一步对太极拳史料挖掘整理，同时也需要对太极拳产生的众多成因进行深入研究。

八、太极拳产生的影响因素

太极拳的产生，应该是众多因素共同作用的结果。太极拳蕴含着多学科知识，内涵十分丰富。太极拳理是一个复杂而庞大的体系，不太可能由一个人创造出这样博大精深的太极拳。太极拳及其拳理有一个历史发展不断演进丰富的过程。因此，对太极拳起源的认识，也应该从历史唯物主义视角，重新认识太极拳的起源，给予太极拳起源较为客观的阐释。

1. 太极拳产生可能与少林拳有关

从地域看，陈家沟与武林圣地少林寺相距不远。历史中的少林武术名扬天下，太极拳技术的形成不可避免地会借鉴少林拳的某些技术。从技术上分析，《陈氏拳械谱》中有传习少林红拳的记载，"小四套亦名红拳"；陈家沟《长拳谱》中，还有"炮捶"等名称；其"金刚捣碓""斜行""七星""高探马""白猿献果""小擒打"等动作名称，与少林拳存在某种联系。在少林拳

"柔拳""柔形锤"演练中，也有太极拳所展现的柔劲。由此可以得出，登封与温县陈家沟的地理位置相距不远，为两种拳法相互借鉴提供了地理环境上的可能性；而太极拳技术动作名称与少林拳技术动作名称的相似性，也在某种程度上印证了太极拳受到少林拳技术体系的影响；再者，从传播学理论出发，在"文化现象的传播和借用"[1]作用下，形成了文化特质相似的文化圈。同为武术文化圈的少林拳、太极拳，也为太极拳吸纳少林拳技术体系的基础上而产生的论断提供了理论支撑。

2. 太极拳的产生与戚继光武学思想有很大关系

太极拳的产生与戚继光"宋太祖长拳"和"三十二式"有关。明嘉靖年间戚继光著作《纪效新书》中提到"宋太祖三十二式长拳"和"三十二式"拳法。1932 年唐豪在陈家沟《长拳谱》和《炮捶拳谱》中发现"一名长拳，一名十三式"的记载。并且，在对比陈式太极拳拳谱与戚继光《纪效新书》中《拳经捷要篇》的结果来看，三十二势长拳中有二十九个动作名称与陈式太极拳的动作名称相同，并收录到他的一百单八势的长拳里，如懒扎衣、金鸡独立、探马拳、七星拳、倒骑龙、悬脚虚、丘列势、抛架子、拈肘势、一霎步、擒拿势、下插势、埋伏势、井栏直入、鬼蹴脚、指挡势、兽头、伏虎势、高四平、倒插势、小神拳、雀地龙、一条鞭、朝阳手、雁翅势、跨虎势、拗鸾肘、当头炮、顺鸾肘等。由此得出，太极拳的产生与戚继光拳经三十二势长拳有较大的关系。

第三节 太极拳起源的辨明

在当今社会中，关于太极拳起源有众多假说。不同的人群站在不同的视角形成了不同的观点，甚至各种观点相互冲突、相互矛盾，引发了太极拳界的认知混乱，给太极拳的大众传播造成了诸多负面影响。因此，针对太极拳起源的不同假说，应建立在历史唯物主义及辩证唯物主义基础上，以史实

---

[1] 宋蜀华，白振声. 民族学理论与方法 [M]. 北京：中央民族大学出版社，2014：26.

为依据，以太极拳技术演变的特征与规律为依据，给予太极拳起源以客观的认知。

一、明晰内家拳、外家拳的区别

1."内家拳"与"外家拳"形成的成因分析

在民间的武术界，经常有人把武术分为内家拳和外家拳。对于这样一种武术分类方法，在民间众多武术习练者中广为流传。那么，对于什么是外家拳、什么是内家拳，却没有一个统一的标准。只是约定俗成地将少林拳、南拳、长拳等拳种作为外家拳，太极拳、形意拳、八卦掌等拳种划分为内家拳。这种对传统武术类型的划分起于何时，目前也没有定论。但武术界关于内家拳与外家拳划分所产生的影响，不得不谈到发生在近代武术界的一件大事。

1928年，中央国术馆的成立对近代武术的发展起到了重要的作用。在中央国术馆成立之初，尽管倡导"术德并重，文武兼修"，但在机构设置方面却成立了武当门和少林门两个机构。武当门由形意拳大师孙禄堂担任门长，少林门长由"神力千斤王"之称的弹腿名家王子平担任。武当门主要包括形意拳、八卦掌、太极拳等拳种，这些拳种被统称为内家拳。少林拳、弹腿、螳螂拳、咏春拳等拳种被认为是外家拳。由于当时武术家对内家拳与外家拳的认识各有不同。因此，在中央国术馆传授武术的过程中，有意无意地选择性传授不同的内容。武当门长孙禄堂强调武术是修炼身心，重视以柔克刚、四两拨千斤的练习理念，外在筋骨皮锻炼的次之。而少林门长王子平被称为"千斤王"，其父亲被称为"粗胳膊王"，足见其外家功夫相当深厚，并且王子平曾多次在与俄国、英国、德国武师比武中大获全胜，在武术界享有很高的荣誉与地位。王子平擅长用打沙袋、举石墩等方式练习功力。因此，在教学的过程中，重视对外在筋骨皮的锻炼。内家拳与外家拳习练者对武术理念理解的偏差，导致内外家在传授理念产生了差异。由此也给内家拳、外家拳之间的"争斗"埋下了伏笔。

受当时武术界江湖陋习的影响，少林门长王子平在一次庆典上公开挑战武当门长孙禄堂。由于当时孙禄堂已经 68 岁高龄，因此，此次的武当门与少林门之战，由武术家高振东代替孙禄堂迎战王子平。最后发生了武术界少林门与武当门之战的大事，其背后折射的是内家拳与外家拳之争。这种争论也为太极拳属于内家拳、发源武当山埋下了伏笔。之后，加之武侠电影、武侠小说的盛行，太极拳发源武当张三丰的故事被搬上了荧幕，电影作品广为人知，进而也扩大了张三丰是太极拳创始人的影响。

2."内家拳"与"外家拳"分类的误区

在武术界，一直将武术分为内家拳和外家拳。人们常认为外家拳就是"外练筋骨皮"，少林拳就是外家拳的典型代表。而所谓的内家拳指"内练一口气"，太极拳就是内家拳的重要代表之一。这种武术分类方法的科学性、划分的标准等系列问题，并没有较为准确客观的依据。如果仔细研究内家拳、外家拳的区别，会发现这种划分并不科学。

作为外家拳代表的少林拳，同样有所谓的内家拳特征。在少林拳的技术体系中，同样存在有调息、站桩、调身的练习内容，也有以柔克刚的技击理念。少林拳既然有"练神""练气"等练"内"的技术特点，也有对"筋骨皮"锻炼的练外技术，刚猛的少林武术也蕴含着松、静、自然的练习理念。例如，禅宗的静、定等思想使少林武术习练者面对对手时，有泰山崩于前而面不改色的"静心"。所以说，被列为外家拳的少林拳也具备所有内家拳的典型特征。

作为内家拳代表的太极拳，同样也有练习"筋骨皮"的内容。太极拳作为中国武术的一个重要拳种，在传统社会中能够立足并发扬光大，其具有的技击格斗应该是主要因素。而技击能力的提升必须要有一定身体素质的保障，否则技击就是空中楼阁。在传统太极拳拳师中，无论是陈长兴、陈发科，还是杨露禅、杨班侯，抑或是孙禄堂，他们都是技击的高手。这些武术家如果只是练习"慢、松、静、柔"的技术，而没有相应的力量、速度、灵敏、反应等身体素质保障，其技击水平则不会太高。因此崇尚内练的内家拳同样也练习"筋、骨、皮"技术内容。同样的,在传统太极拳的技术体系中,也有功法练习的内容,如通过练习太极球、抖大杆增加身体力量。

由此得出,武术中关于外家拳、内家拳的类型划分,缺乏客观的划分依据,因此也无法把少林拳与太极拳区分开来。练"内"与练"外"原本都是习练武术的必经阶段,由此也形成了武术内外兼修的特点,两者缺一不可。

二、把握太极拳技击之理

关于太极拳的技击方式,形成了以柔克刚、以静制动、后发先至、舍己从人等技击思想,甚至有把"以柔克刚""以静制动""借力打力"看成太极拳技术的独特体现。太极拳的技击思想,尽管体现了非常典型的技术风格特征。但纵观武术发展的历史,可以发现,太极拳所谓的技击思想在历史长河中早已出现,并非是太极拳拳种的专利。如黄百家讲内家拳法时讲到:盖自外家至少林,其术精矣!张三峰既精于少林,复从翻之,是名内家。"以静制动""以柔克刚""以慢胜快""以寡御众"的技击思想,早在东汉时期就已经出现。东汉史学家赵晔所撰写的《吴越春秋·勾践阴谋外传》中,记载了《越女论剑》。其中,越女在回答越王"夫剑之道则如之何?"的问题时答道:"'妾生深林之中,长于无人之野,无道不习,不达诸侯。窃好击之道,诵之不休。妾非受于人也,而忽自有之。'越王曰:'其道如何?'女曰:'其道甚微而易,其意甚幽而深。道有门户,亦有阴阳。开门闭户,阴衰阳兴。凡手战之道,内实精神,外示安仪,见之似好妇,夺之似惧虎,布形候气,与神俱往,杳之若日,偏如滕兔,追形逐影,光若佛仿,呼吸往来,不及法禁,纵横逆顺,直复不闻。斯道者,一人当百,百人当万。王欲试之,其验即见。'越王大悦,即加女号,号曰'越女'。乃命五校之队长、高才习之以教军士。当此之时皆称越女之剑。"从越女对用剑的论述中,可以看出早在东汉时期,已经产生了关于"动静""快慢""刚柔""内外"等技击思想。太极拳典型的技击思想特征似乎都可以在越女的剑法思想中找到踪迹。

因此,太极拳技术特点技术体系的形成,并非是某个人突发奇想,而是在继承前人基础上的提炼、总结、再创造的过程。

三、太极拳的产生应遵循拳法形成之源

太极拳的产生应符合武术技术演化的基本特征。太极拳应是在吸纳了众多武术拳种基础上所形成的。

其一，太极拳的产生可能与山西洪洞通背臂拳存在着一定关系。在对比陈王廷的《拳经总歌》与洪洞通背臂拳《拳经总论》的过程中，发现两者存在着高度相似（表2-1）。在两篇文章中有个别自居存在差异外，大部分内容具有相似性。尽管现在还无法确定两篇文章哪篇写于更早，但可以肯定两篇拳论之间一定存在紧密关系。

表2-1　洪洞通背臂拳《拳经总论》与陈王廷《拳经总歌》对比

通背臂拳《拳经总论》	《拳经总歌》（陈王廷）
纵防屈身人莫知，近靠缠绕我接衣	纵放屈伸人莫知，诸靠缠绕我皆依
劈打推压得进步，搬捌横采也难敌	劈打推压得进步，搬摆横采也难敌
勾捌劈打人人晓，闪惊巧取有谁知	钩捌逼揽人人晓，闪惊巧取有谁知？
佯输诈走虽云败，引诱回冲致胜归	佯输诈走谁云败？引诱回冲致胜归
丢拿滚提多微妙，横直摭搅奇更奇	滚拴搭扫灵微妙，横直劈砍奇更奇
迎锋截进穿心肘，截进单拦肱炮捶	截进遮拦穿心肘，迎风接步红炮捶
二换扫堂挂面脚，左右边簪跟桩腿	二换扫压挂面脚，左右边簪庄跟腿
截前掩后如封锁，声东击西要熟识	截前压后无缝锁，声东击西要熟识
上提下顾君须记，进攻闪莫迟滞	上笼下提君须记，进攻退闪莫迟迟
藏头顾面天下有，穿心剁肋世间稀	藏头盖面天下有，攒心剁肋世间稀
教师不识此中理，难将武艺论高低	教师不识此中理，难将武艺论高低

因此，从洪洞通背臂拳的《拳经总论》与陈王廷的《拳经总歌》的对比中可以发现，太极拳的产生是在拳种相互交流的过程中逐渐诞生的。

其二，太极拳的产生与戚继光的武学思想有很大关系。在对比陈王廷

《拳经总歌》与戚继光《纪效新书》中的《拳经捷要》篇时发现，陈式太极拳中的二十九式与戚继光的《纪效新书》中记载的三十二式长拳有高度相似性。因此，从技法演化来说，太极拳的产生吸收了戚继光的武学思想。

拳经捷要篇·三十二式长拳歌诀

（1）懒扎衣出门架子，变下势霎步单鞭。对敌若无胆向先，空自眼明手便。

（2）金鸡独立颠起，装腿横拳相兼。抢背卧牛双倒，遭着叫苦连天。

（3）探马传自太祖，诸势可降可变。进攻退闪弱生强，接短拳之至善。

（4）拗单鞭黄花紧进，披挑腿左右难防。抢步上前连劈揭，沉香势推倒泰山。

（5）七星拳手足相顾，挨步逼上下提笼。饶君手快脚如风，我自有搅冲劈重。

（6）倒骑龙诈输佯走，诱追入遂我回冲。恁伊力猛硬来攻，怎当当连珠炮动。

（7）悬脚虚饵彼轻进，二换腿决不饶轻。赶上一掌满天星，谁敢再来比并。

（8）邱刘势左搬右掌，劈来脚入步连心；挪更拳法探马均，打人一着命尽。

（9）下插势专降快腿，得进步搅靠无别。钩脚锁臂不容离，上惊下取一跌。

（10）埋伏势窝弓待虎，犯圈套寸步难移！就机连发几腿，他受打必定昏危。

（11）抛架子抢步披挂，补上腿那怕他识。右横左采快如飞，架一掌不知天地。

（12）拈肘势防他弄腿，我截短须认高低。劈打推压要皆依，切勿手脚忙乱。

（13）一霎步随机应变，左右腿冲敌连珠。恁伊势固手风雷，怎当我闪惊巧取。

（14）擒拿势封脚套子，左右压一如四平。直来拳逢我投活，恁快腿不得通融。

（15）中四平势实推固，硬攻进快腿难来。双手逼他单手，短打以熟为乖。

（16）伏虎势侧身弄腿，但来凑我前撑。看他立站不稳，后扫一跌分明。

（17）高四平身法活变，左右短出入如飞。逼敌人手足无措，恁我便脚踢拳捶。

（18）倒插势不与招架，靠腿快讨他之赢。背弓进步莫迟停，打如谷声相应。

（19）井栏四平直进，剪臁踢膝当头。滚穿劈靠抹一钩，铁样将军也走。

（20）鬼蹴脚抢人先着，补前扫转上红拳。背弓颠披揭起，穿心肘靠妙难传。

（21）指当势是个丁法，他难进我好向前。踢膝滚躜上面，急回步颠短红拳。

（22）兽头势如牌挨进，恁快脚遇我慌忙。低惊高取他难防，接短披红冲上。

（23）神拳当面插下，进步火焰攒心。遇巧就拿就跌，举手不得留情。

（24）一条鞭横直劈砍，两进腿当面伤人。不怕他力粗胆大，我巧好打通神。

（25）雀地龙下盘腿法，前揭起后进红拳。他退我虽颠补，冲来短当休延。

（26）朝阳手偏身防腿，无缝锁逼退豪英。倒阵势弹他一脚，好教师也丧声名。

（27）雁翅侧身挨进，快腿走不留停。追上穿庄一腿，要加剪劈推红。

（28）跨虎势挪移发脚，要腿去不使他知。左右跟扫一连施，失手剪刀分易。

（29）拗鸾肘出步颠剁，搬下掌摘打其心。拿鹰捉兔硬开弓，手脚必须相应。

（30）当头炮势冲人怕，进步虎直撞两拳。他退闪我又颠踹，不跌倒他也茫然。

（31）顺鸾肘靠身搬打，滚快他难遮拦。复外绞刷回拴肚，搭一跌谁敢争前。

（32）旗鼓势左右压进，近他手横劈双行。绞靠跌人人识得，虎抱头要躲无门。

其三，太极拳的产生受到少林武术的影响。在分析太极拳动作名称的过程中，发现太极拳从少林拳的动作中吸收了几式，如金刚捣碓、白猿献果、小擒打等。金刚是梵文，意译为"缚日罗""伐折罗"，本来是指屯和印度神话中的狼牙棒、粗棒，是众神之王因陀罗的武器。金刚由金、铜、铁、山岩制成，有4角或100个角，还有1000个利齿。在佛教中，金刚以其譬喻坚固、锐利、能摧毁一切，成为坚固、不灭的象征。古印度兵器金刚杵也作为丰产的象征，在佛教密宗中则表示伏魔、断烦恼、坚利智的法器。白猿献果是七星螳螂拳中的一个套路。而河南登封少林寺又是中国佛教禅宗的发源地，少林武术又是佛教禅宗的修炼方式。少林武术有1500多年的历史，在武术界影响颇大，而太极拳诞生于温县，与少林寺的距离大约100公里。这为太极拳与少林武术之间的技术交流提供了可能。因此，太极拳的产生在某种程度上受到了少林武术的影响。

第三章
太极拳大众传播之流派：演变与特征

作为中国武术重要拳种之一的太极拳，在演变的过程中形成了诸多太极拳流派。太极拳流派的产生是太极拳技术成熟的体现，也是太极拳繁荣发展的一个展示窗口。随着太极拳普及推广范围的扩大，在原有的五大太极拳流派基础上，诸多新的太极拳流派走进大众视野。这些新出现的太极拳流派一方面标榜着自身太极拳技术体系的独特，另一方面又演绎着太极拳门户的"正宗"，使太极拳界一波未平一波又起，给太极拳大众传播带来了诸多不便。太极拳流派的形成有其自身的演变规律，太极拳流派的产生也有自身的显著特征。由此，对太极拳流派的认定应基于客观的依据，对太极拳"新流派"的产生应给予理性的认识。在此基础上，使之能够服务于太极拳大众传播。

第一节 太极拳流派的演变与发展

太极拳是"以太极学说为理论基础，以掤、捋、挤、按、采、挒、肘、靠、进步、退步、左顾、右盼、中定十三法为运动技术核心，包括套路、推手、散手和功法的武术徒手项目"[1]。太极拳是在融合太极、中医经络学，古代的导引、吐纳等理论的基础上，集技击、养生、修身养性等多种功能为一体，所形成的一种内外兼修、柔和、缓慢、轻灵、刚柔相济的传统拳术。

太极拳源于河南省温县陈家沟，为明末清初陈王廷所创。太极拳自诞生

---
[1] 孔祥华，刘小平. 太极拳概念的界定[J]. 体育学刊，2009，16（7）：102-104.

以后，出现了百花齐放的发展势头，同时也产生了众多太极拳流派，为太极拳的发展注入了新的力量与活力。目前，太极拳形成的流派主要有陈式太极拳、杨式太极拳、孙式太极拳、吴式太极拳、武式太极拳、其他式太极拳。

一、陈式太极拳

陈式太极拳起源于明末清初的河南温县陈家沟。陈王廷在晚年时候隐居乡里，在结合各家武术之长基础上，以太极文化为理论基础，以太极十三式为表现形式，参考中医经络学说及导引、吐纳之术，创造了一套具有阴阳相合、刚柔相济的武术拳种——太极拳。

太极拳自陈王廷创拳以来，一直在陈家沟内部世代相传，外人不得窥其貌。直到有一个关键人物的出现，陈家沟拳太极拳才被世人所见，并发展到了一个新的历史阶段。这个人就是陈长兴（1771—1853年）。陈式第十四世陈长兴，陈氏十四世孙，以保镖为业，精于拳术。其站桩立身端正，落地生根，形若木鸡，人称"牌位先生"。从这个时期开始，太极拳进入了新的发展阶段。一是，陈式太极拳大架基本定型。陈长兴把祖传长拳一路、二路精练改良，形成后来的太极拳老架或大架。二是，陈式太极拳小架基本定型。与陈长兴同辈的另一太极名手陈有本（1780—1858年），在原有的老架基础上对陈式太极拳进行了改造，舍弃了一些高难度的发劲动作，变发劲为蓄而待发，陈家沟人将这种拳称为"小圈拳"或"小架"。居住在赵堡镇的陈氏第十五世陈清平（1795—1868年），师承族叔陈有本。对拳架有了进一步改进，形成了赵堡太极拳。陈清平以其独特的教学方法，使传授的几个徒弟各有所长，形成了独特的技术风格。其徒弟和兆元创和式太极拳、李景炎创太极拳忽雷架、李作智创太极拳腾挪架、王赐信创太极拳忽灵架。三是，陈式太极拳开始外传。陈长兴传拳于外人杨露禅（杨式太极拳的创始人）。从此，太极拳走出陈家沟，在全世界普及开来。而武禹襄跟随陈清平学拳后创武式太极拳，后来孙禄堂在武式太极拳基础上，结合形意拳、八卦掌等武术技术，形成了孙式太极拳。太极拳由此开始在全国传播开来。

二、杨式太极拳

杨露禅（1799—1872年），直隶省广平府人，杨式太极拳创始人。杨露禅跟随陈长兴学拳后，到北京授拳，因弟子多为王公贵族，他们生活奢侈而体弱多病，又不耐艰苦。杨露禅考虑到这些人的身体素质和保健需要，将太极拳老架中的一些高难度动作，如跳跃、跌叉、震脚等改为不跳、不跌、不震，或缩小动作，使姿势较为简单，动作柔和易练，且适合穿长衫、留辫子的人练习，同时有益于健体，逐渐形成"杨式太极拳"。其代表性人物：杨班侯(1837—1892年)，字名钰，杨露禅次子。他从小随父习太极拳术，19岁时只身来北京，先跟其父杨露禅在端王府教拳，人称"杨无敌"。杨班侯集太极拳精华，形成了一百零八式中平大架太极拳。杨班侯太极拳拳架低沉稳健、舒展大方、劲力浑厚、实战性强。可以快练，也可慢练，融技击、健身、养生为一体。

杨澄甫（1883—1936年），字兆清，生于北京，其祖父杨露禅、伯父杨班侯、父亲杨健侯均为太极名家。1912年，杨澄甫在北京中山公园设立拳场，公开传授杨式太极拳剑刀枪。杨澄甫大器晚成，中年时期发奋练习太极拳，得太极拳法之精妙，擅长太极大杆，终成一代名师。

三、武式太极拳

武禹襄(1812—1880年)，武式太极拳创始人，名河清，字禹襄，号廉泉，河北省永年县人。从学于杨露禅、陈清平。武禹襄跟随赵堡镇陈清平学拳。清道光十三年（1833年），同乡杨露禅从河南省温县陈家沟学艺返乡后，武禹襄经常与杨露禅切磋武艺。1852年，武禹襄赴河南，在赵堡镇跟从陈清平学习太极拳，尽得其精妙。学成后，创编出一套"圈小劲捷、紧凑灵巧、势简技繁、术法分明、古朴典雅、端庄洒脱"的新型拳术，后人称为"武式太极拳"。武禹襄著有《十三式行功要解》《太极拳解》《太极拳要论》《十三式说略》《四字秘诀》《打手撒放》《身法八要》等著名拳论。

四、吴式太极拳

吴全佑(1834—1902年），字公甫，清朝旗人，满姓乌佳哈拉，为吴式太极拳（又称吴家太极拳）的奠基者。吴全佑跟从杨露禅学拳，但因杨露禅弟子中有当时的王公贵胄，全佑不便与王公贵胄同辈，故杨露禅命全佑拜于其次子杨班侯门下，实际上则仍由杨露禅亲自教授。吴全佑习得杨家父子太极拳之长。之后，经过其子吴鉴泉（1870—1942年）改进，进一步去掉重复和跳跃的动作，形成了一个松静自然、架式紧凑、缓慢连绵、不纵不跳、长于柔化的技术风格特点，即"吴式太极拳"。

五、孙式太极拳

孙禄堂（1860—1933年），清末河北省完县（今顺平县）人，名福全，字禄堂，晚号涵斋，别号活猴，孙式太极拳创始人。他在武式太极拳基础上，吸收形意拳进步必跟，退步必撤的步法、八卦掌拧旋敏捷的身法和两门拳术手法的基础上创编成的。此拳动作小巧轻灵，架高步活，柔缓圆活，转换轻盈，运动方向变化多。步法进退相随，运转开合相接。其在近代武林中素有"武圣""武神""万能手""虎头少保""天下第一手"之称。孙禄堂13岁时拜河北省拳师李魁元为师，学习形意拳。后来又学习八卦掌。1912年孙禄堂在北京遇太极名家郝为真，得其太极拳精髓。1918年孙禄堂将三家拳融会贯通、革故鼎新，创立了孙式太极拳。

六、和式太极拳

由温县赵堡镇人和兆元(1810—1890年)所创。和兆元是赵堡太极拳名家陈清平的弟子。和兆元在原传拳架的基础上，修改架式中的手法、身法、步法与姿势，大大增加技击实用内容，并使架式更顺其自然，更符合人体生理结构，创编了一套集拳架、推手、散手为一体，三者互为检验印证，寓技击、修身、养身于一道，又独具特色的新型太极拳，即和式太极拳。和式太极拳动作幅度不大、动作柔和，小而舒展轻灵，形成了集技击、养生为一体

的风格特征

伴随着太极拳的发展，在诸多拳师的努力下，太极拳在不同的地方逐渐生根、发芽，并形成了诸多太极拳架式。如从学于陈清平的弟子当中，有诸多弟子，每个都有巨大的成就。其中，和兆元创代理架（和式太极拳）、任长春创领落架、李作智为腾挪架、王赐信创忽灵太极拳、武禹襄创武式太极拳、李景炎创忽雷架、李瑞东创李式太极拳、王其和创王其和太极拳等。太极拳已经从封闭乡村逐渐步入大众的视野，太极拳流派也呈现百花齐放的发展势头。

第二节 太极拳流派的特征与思考

太极拳自诞生以后，形成了陈式太极拳、杨式太极拳、孙式太极拳、吴式太极拳、武式太极拳，以及其他太极拳等多个流派。另外，伴随着太极拳成功申报世界非物质文化遗产后，产生了陈式、杨式、武式、吴式、和式、李式、王其和太极拳七大社区。另外，还有尚未列入世界非遗名录的孙式、赵堡太极拳、忽雷架太极拳、忽灵架太极拳、腾挪架太极拳等架式。众多太极拳架式的产生，一方面显示太极拳发展的勃勃生机，但另一方面，众多太极拳流派的形成也产生了很多问题，这些问题都是太极拳在大众传播过程中值得思考的影响因素。

一、太极拳流派的形成特征

一个武术流派应该具有清晰的历史传承、规范的基本技术、突出的风格特点、完整的技术体系、科学的理论体系。对于太极拳流派的认识，应给予太极拳流派一个评价的标准。拳种是具有不同的武术演练的技术风格。而流派是某一个具体的武术习练共同体，是习练相同武术技术的人聚集在一起所形成的门户，对某一武术技术的传授、学习、练习等构成这群人共同生活的主要内容。以此标准，太极拳流派的形成具有以下几个特征。

（一）太极拳流派的产生受武术技术体系影响

辩证唯物主义认为："物质世界是普遍联系和永恒运动的。"统一的物质世界中的万事万物都处在相互作用的普遍联系之中，都处在不断产生、不断消亡的运动、变化和发展的永恒的过程之中。产生于明末清初的太极拳，尽管武术史学家考证得出是河南温县陈家沟族人陈王廷所创，但依据辩证唯物主义的原理，太极拳应是在吸收众多武术技术精华的基础上所形成的时代产物。

太极拳技术体系的形成与戚继光的"三十二势长拳"有关系。陈式太极拳与戚继光"拳经三十二势长拳"，其中相似动作名称有"二十九势之多"。陈式太极拳的动作名称、顺序，以及《拳经总歌》歌诀、图示均与戚式"拳经三十二势长拳"存在关联。在陈家沟陈季甡、陈鑫和陈子明等拳家的传抄拳谱中，有大量类似戚式"拳经总歌"、枪谱和"三十二势"长拳的动作名称。由此可以说明，太极拳技术体系的形成与"长拳"有很大关系。

太极拳技术体系的形成与少林武术有关。从地域关系来看，河南温县陈家沟距嵩山少林寺不足一百公里。而少林武术即诞生此地。产生于嵩山少林寺的少林武术有悠久的历史，自古以来少林武术就名扬天下。据历史资料显示：少林武术至明清时期已形成大规模、有规律的演武活动，且已达到相当高的程度。这就为太极拳吸纳少林武术技术提供了地域上的可能。并且，从技术特征上来看，陈式太极拳吸收了少林拳的技术动作。陈家沟"炮捶"动作快速、有力，节奏多变，与少林拳技术风格具有一致性；陈式太极拳中的金刚捣碓、单鞭、斜形、七星、高探马、白猿献果、小擒打等动作名称，与少林拳中的动作名称具有相似性；太极拳的柔劲和抖劲，与少林拳"柔拳"和"柔形捶"的演练风格相似；陈家沟拳谱中拳法基本以"捶"为名的现象，抑或证实从长拳结合少林拳而形成了当地"炮捶"的事实。

太极拳技术体系的形成得益于陈王廷创造性的发展。据资料显示，在晚清时期，陈家沟以"炮捶"为主要传承的拳法。陈氏家族历来有习武的风气，陈王廷在继承家传武学的基础上，根据多年的实战经验，并参悟《黄庭

第三章 太极拳大众传播之流派：演变与特征

经》中的道家养生修炼的理论，结合吐纳、导引、气功，对拳术进行了突破性的改造，从而完善了太极拳技术体系。

太极拳技术体系的形成基于深厚的武术历史底蕴。太极拳所体现的阴阳、动静、刚柔、虚实、后发先至等技击思想，并非是太极拳的独创。纵观武术技术演变的历史长河，这些技击思想都在历史文献中有记载。关于阴阳、内外思想的论述，《吴越春秋》中记载越女论剑时说："其道甚微而易，其意甚幽而深，道有门户，亦有阴阳，开门闭户，阴衰阳兴。凡手战之道，内实精神，外示安仪，见之似好妇，夺之似惧虎。"我国先秦时期伟大思想家庄子在《说剑》篇中指出："夫为剑者，示之以虚，开之以利，后之以发，先之以至。"吴殳在《手臂录》中记载："柔能制刚，弱能胜强，此即中软破硬之法也。"由此说明，太极拳所体现的刚柔相济、动静结合、舍己从人等技击理念，是在总结、吸收诸多技击思想基础上，对武术理论的丰富和完善。同时也是中国武术理论体系趋于成熟的表现。

纵观以上因素，太极拳的形成是武术技术与中国文化进一步融合的结果，是武术发展成熟的表现。融合了中国文化思想和众多武术技术的太极拳，给中华武术百花园中增添了新的色彩。

（二）太极拳流派的产生受地域环境影响

人文地理环境影响了中国武术文化的个性特征和地域特色，是产生武术众多拳种的根源。河南焦作的地理环境构成太极拳形成的要素之一。焦作市位于河南省西北部，北依太行山，与山西晋城市接壤，南临滔滔黄河，与郑州市、洛阳市隔河相望，东临新乡市，西临济源。巍巍太行，赋予了焦作市百折不挠、艰苦奋斗刚强精神，象征着太极文化的刚强一面。在这里有着夸父追日、愚公移山的神话故事，彰显着焦作市刚健有为、奋斗不息的文化精神。滔滔黄河是中华民族的母亲河，黄河文化源远流长、生生不息，赋予太极文化融合包容、多元一体的文化内核。一山一河遥相呼应，与太极拳的阴阳一体相得益彰。

地理环境造就了陈家沟的尚武之风。发源河南温县陈家沟的太极拳，其技术体系的形成与地域环境有密切联系。位于温县县城正东八公里清风岭上的陈家沟，古时为常阳村。据资料记载，明洪武五年（1372年），山西泽州郡（今晋城）东土河村人陈卜率全家由山西洪洞县迁居温县城北，立村陈卜庄。后因地势低洼，迁居常阳村。村中有三条大沟，村民临沟而居，后因陈氏人丁繁衍兴旺，家传武术在附近又大有声望，便改常阳村为陈家沟。陈家沟向东是著名的汜水关，向南是虎牢关，再加之黄河天堑，在历史上属兵家必争之地。在冷兵器时代，这里发生过武王伐纣、牧野之战、楚汉之争、虎牢关三英战吕布（吕布进封温侯）等重大战役，陈家沟独特的地理位置、黄河流域深厚的历史文化积淀，造就了这一带浓郁的尚武风气，为太极拳诞生奠定了地域文化基础。

（三）太极拳流派的产生受地域文化影响

地域文化的丰富性形成了太极拳的文化内核。焦作古称山阳、怀州，是华夏民族早期活动的中心区域之一，现存裴李岗文化、仰韶文化和龙山文化遗址，是司马懿、韩愈、李商隐、朱载堉、许衡及竹林七贤山涛、向秀等历史文化名人故里，它们赋予了太极拳文化深厚的地域文化内涵。

陈家沟位于河洛文化发源地的中心地带。陈家沟与汴（开封）洛（阳）两大古都隔黄河相置，这一带盛行着中医文化，又是河洛文化发源地，被称为中华民族文明的摇篮。这一带过去是中华民族人文始祖经常活动的地方。与该村隔黄河相望的邙山上的"洛口村"有个"伏羲台"，相传是伏羲观伊洛河入黄河所形成的清浊相交的漩涡而构思孕育太极图的地方；距陈家沟西去不远的黄河支流，即图河与洛河，是出现"河图""洛书"的地方。相传伏羲受"河图""洛书"的启发，在太极图的基础上，画出了八卦。这些都是周易文化产生的源头，从而形成了太极文化的核心内容。

中华文化的交汇促成了奠定太极拳的文化根基。太极文化在黄河流域这一带流传得极为广泛。为弘扬太极文化与儒、释、道文化，在这一带建起了许多纪念和祭祀的场所。例如，孟津市境内黄河与图河交汇处有东汉时期建的龙马负图寺；在黄河洛水交汇的岸边，隋文帝开皇年间建有羲圣祠；元代的曹铎又在羲圣祠侧建有河洛书院；明代时期，陈家沟村西还建有玉皇庙；与温县毗邻的沁阳市的神农山，有着许多关于太极文化的古老传说，更有伏羲殿、太极殿等建筑；神农山下的二仙庙是魏晋时期道教上清派创始人魏华存编写《黄庭经》的地方。

综上所述，太极拳的形成，并非是偶然现象的产生，而是集中华文化、地域文化、地域环境及武术技术的发展等综合因素共同作用的结果。

二、太极拳流派文化生产的思考

（一）太极拳流派的产生源于其自我意识觉醒

据吴文翰先生的研究表明："太极拳从创造到现在已经有几百年历史，初期并无门派之分。根本不分什么'式'。1930年以前，只有部分人称'杨架''郝架'，然后才有了流派。"[1]陈式十六世陈鑫编著的《陈氏太极拳图说》，被誉为武林圣典，但全书并没有陈式太极拳大、小架之说。而以姓氏为符号的太极拳流派的形成，恰恰是太极拳传承共同体意识觉醒的结果。

一个武术流派的形成要符合清晰的历史传承、规范的基本技术、突出的风格特点、完整的技术体系、科学的理论体系的要素和要求。而太极拳流派的形成，不能成为人们随心所欲的畸形文化。当前太极拳众多流派的出现，已经脱离了武术流派演变的基本规律。以姓氏命名的太极拳流派的泛滥，以及不同太极拳流派之间相互贬低、相互诋毁的现象，成为太极拳发展进程中挥之不去的阴影。不同流派太极拳大师的泛滥，在影响太极拳自我形象的同时，也给太极拳的发展带来了负面影响。

（二）太极拳流派涌现的反思

不同太极拳流派形成的特色鲜明的技术特点，得到了国家体育总局武术运动管理中心的认可。例如，陈式太极拳的技术特点为①缠丝劲明显，动作呈弧形螺旋；②刚柔相济，柔中寓刚；③动作要和呼吸运气相结合，"气沉

---

[1] 吴文翰. 吴文翰武术文存[M]. 太原：山西科学技术出版社，2006：10.

丹田"且要"丹田内转";④快慢相间,亦即在动作转换处要快,一般行拳时要慢。陈式太极拳二路炮锤的技术特点为①震脚发劲的动作更多;②动作比第一路快、刚,爆发力强;③"蹿蹦跳跃,闪展腾挪"的动作较多。杨式太极拳技术特点表现在:舒展简洁,动作和顺、轻灵,刚柔内含,轻沉自然,如行云流水,连绵不绝,锻炼步骤由松入柔,积柔成刚,刚柔相济;其架式有高、中、低之分,可以按照学拳者不同年龄、性别、体力条件和不同的要求适当调整运动量。吴式太极拳技术特点表现在式正招圆,舒松自然,虽架式小巧,但有大架功底,由开展而紧凑,在紧凑中自具舒展,推手时端正严密。武式太极拳特点为身法谨严,姿势紧凑,动作舒缓,步法严格,虚实分明,胸部、腹部的进退旋转始终保持中正,用动作的虚实转换和"内气潜转"来支配外形,左右手各控制半个身体,出手不过足尖。孙式太极拳的特点是进退相随,舒展圆活,动作灵敏,转变方向时多以开合相接,故又称"开合活步太极拳"。而部分新生的太极拳流派,有的自称体系,而有的哗众取宠。因此,对太极拳门派的演变和认定,应有一个统一的标准,以便规范太极拳发展的市场。

第四章
太极拳大众传播之道路：传承与传播

现代传播学最早出现在美国，在政治学、经济学、新闻学等交叉学科影响下，形成了传播学学科体系。在 20 世纪 80 年代，传播学传入我国，也成为指导中国文化传播的理论依据。但是，源于西方的传播学理论在推广中国文化的过程，要面临着"西方理论"本土化的问题。由于中国文化有着悠久的历史，优秀文化的传承应该是中国文化现代传播的基础。因此，对中国传统文化而言，在普及推广的同时也面临着中华优秀文化的历史传承问题。太极拳作为中华优秀文化的载体，在普及推广过程中，同样也面临着传承问题。因此，太极拳大众传播在普及推广的同时，也需要考虑其传承问题。传承与传播应成为太极拳大众传播的两条主要道路。

第一节 太极拳精英传承之特征

文化自古就有雅俗之分，有精英文化与大众文化之别。然而，随着经济全球化所挟裹的商品经济的飞速发展，大众文化迅速成为引导社会发展的主流文化，精英文化则受到了极大的冲击，并逐渐被冲到了生活的边缘地带。太极拳作为中国武术一个重要的拳种，体现着典型精英文化特征，是中国传统精英文化的载体。太极拳在形成的过程中，随着社会文明化程度的不断提高，逐渐实现了从民间武术文化到精英文化的历史转变。"自王宗岳、武禹襄、李亦畬等前贤之后，业已发生了质的变化。他们'引文入武''引雅如俗'，将传统文化的精华融入于太极拳艺之中，把单纯的技击性的长拳十三式升华为健身、御侮和陶冶品德情操的高级拳艺，使其进入学术和技艺的新时期。从此，练习太极拳者不再都是赳赳武夫'拳把式太极拳'，更多的是富有文化修养的儒雅之士，他们把太极拳作为中华文化的载体予以深入的探索研究。"[1]因此，研究太极拳文化中的精英文化现象，重塑太极拳的高雅文化形象，打造太极拳文化品牌，对太极拳的传播无疑有着至关重要的作用。

一、太极拳传承中的精英文化特征

"精英是指社会中接受了最新知识和信息的少数信仰真诚的知识分子，精英文化是指知识分子阶层中的核心层和代表者所创造和分享的高雅文化"[2]，是"代表特定领域、特定时期最高水平的文化积淀物和其他开拓性、创新性的文化成果"[3]。长期以来，中国武术一直具有民间俗文化的典型特征。而作为中国武术重要拳种之一的太极拳，在其形成和发展的历程中，不断吸收了中国传统文化的精华，形成了一种典型的精英文化。

（一）易文化奠定了太极拳的理论基础

中华五千年的文化可谓是源远流长、博大精深。优秀的传统文化是民族文化的经典文化，是中华民族能够持续发展的根，孕育了中国人的思想行为和生活方式，是中华民族的精神支柱。而周易是中国传统文化的精华部分，是中华民族文化的源头，正是易文化的博大精深，才孕育了辉煌灿烂的中华文明。

太极拳以太极理论为拳理，以易为经，以礼为纬，循太极动静之理以为法，采虚实变化之妙而为用，以阴阳开合、运转周身，从而实现拳术与文化的完美结合。王宗岳的太极拳论开篇即言："太极者，无极而生，动静之极，阴阳之母也"[4]，阐明了太极理论在太极拳体系中的重要地位。太极拳练习所追求的浑身俱是缠丝劲，也处处体现了太极的理念。"《河图》实为

---

[1] 梅墨生.大道显隐：李经梧太极人生[M].北京：人民体育出版社,2007：39.
[2] 江华.中国文化学[M].东营：石油大学出版社,2001：257.
[3] 张振学.高调做事 低调做人[M].北京：中国致公出版社,2006：23.
[4] 王宗岳.太极拳谱[M].北京：人民体育出版社,2006：24.

缠丝精之祖。单开如一字。两头合住，周围撑开，则为太极图谱；错之，则为缠丝图；双之，则为褊图；再双之，四角撑开，则为方图；至三角、五角、六角、七角、八角、九角，皆方图也，皆由一生二而推之也。"[1]"《洛书》实为方形之祖，犹是智欲圆而行欲方之意。太极拳实系外方而内圆，上圆而下方。方者，其形；圆者，其神也。耍拳不可不知。打拳虽有时倚斜，然斜之中，自寓有方正之意。"[2]因此，易文化奠定了中国传统文化的基础，同时也促进了太极拳文化体系的形成。

（二）道家文化丰富了太极拳的理论体系

道家思想是中国最为重要，也是最有影响力的哲学思想之一。道家思想的核心是"道"，认为"道"是宇宙的本源，是宇宙和自然的规律。太极拳的修炼过程，也是一种对生命的求道过程。在这个过程中，甚至无法用语言表述，只能通过身心去感受和体悟。太极拳不仅是一门追求格斗的技艺，还可以被认为是一种求道的方式。正如"古兵家所言，盖技也，近乎道矣"[3]。道既是一种无的状态，又是一种有的能力。人类"要认识宇宙和自然的大道，那就应该从这个有和无两个方面来把握"[4]。太极拳站桩要求心中无思无虑，肢体松静自然，貌似全"无"，其实"有"在其中，一切听任自然，也就是所谓"空而不空，不空而空"，使道家的"无为"思想在站桩训练中得到了充分的体现。

太极拳对刚柔的认识，也体现了道家守"弱"、贵"柔"的思想。"柔软胜刚强；反者道之动，弱者道之用；弱之胜强，柔之胜刚"等理念成为道家文化的核心思想之一。李雅轩老先生根据多年的练习、研究、体悟，总结了练习太极拳大松大软的精髓，他认为太极拳的练法，其最重要的是身势放松。太极拳劲力的练习是"练刚柔不如练柔劲，练柔劲不如练松软，练松软不如练轻灵，练轻灵不如练虚无。虚无的气势，才是太极拳最上层的功夫。

---
[1] 陈鑫.陈氏太极拳图说[M].太原：山西科技出版社，2009：44.
[2] 陈鑫.陈氏太极拳图说[M].太原：山西科技出版社，2009：45.
[3] 陈鑫.陈氏太极拳图说[M].太原：山西科技出版社，2009：1.
[4] 老子.道德经[M].延吉：延边人民出版社，2007：3.

其主要的练法,是以心行气,以气运身,以意贯指,日积月累,内劲自通,拳意方能上手"[1]。太极拳的发劲是"极柔软,然后极坚刚"。这种最终所要达到的无坚不摧的极其坚韧的内劲,是长时间有意识的极松、极柔以后,在身体内部积累转化而成的,这是自然形成的本源状态。太极拳以柔克刚、以静制动、随曲就伸、借力打力、四两拨千斤等技击理念,无不体现道家"守柔曰强""柔弱胜刚强"的思想原则。

(三)儒家文化提升了太极拳的文化品位

中华民族在几千年的历史发展中,儒家文化逐步成为规范人的行为、维持社会秩序的重要准则。在中国传统文化中,儒家的传统伦理思想、道德观念居于重要地位,它是传统文化的核心,它调整着人与人之间的关系,维系和强化着社会统治秩序。而作为中国技艺的太极拳,它的修炼无处不体现着儒家"仁爱、中庸、和谐、宽厚、礼让和克己"的生活准则。"学习太极拳不可不敬。不敬则外慢师友,内慢身体;学习太极拳不可狂,狂则生事。不但手不可狂,即言也不可狂;外形必带儒雅风气,不然狂于外必失于中"[2],成为学习太极拳入门的第一课,从思想上规定学习太极拳的基本准则。

太极拳的修炼过程,处处体现一种高雅的文化品位。太极拳中"人刚我柔为之走,我顺人背为之黏",体现了一种宽厚、礼让、容忍的胸怀;太极拳要求的"中正安舒,支撑八面,不偏不倚,不丢不顶",体现了一种做人的准则。其实"中定不只是一种功夫,更是一种心态,是一种境界"[3]。在生活中也只有守住中定,才能做到人不犯我、我不犯人。练习太极拳的过程,其实也是修身养性的过程。通过长期的练习、领悟,不断地克制自己的好胜之心、净化人的心灵、塑造人高尚品格,从而使人具有仁爱、诚信、谦和、礼让的良好品行。

儒家文化认为,"己所不欲,勿施于人",指的是道德行为主体以自己的

---

[1] 余功保.盈虚有象:中国太极拳名家对话录[M].北京:人民体育出版社,2006:7.
[2] 陈鑫.陈氏太极拳图说[M].太原:山西科技出版社,2009:1.
[3] 梅墨生.大道显隐:李经梧太极人生[M].北京:人民体育出版社,2007:145.

感受、需要推知他人具有相同的感受和需要，并将推知所得的观念作为行为准则贯彻到与他人相关的行动中去，后来形成了"推己及人"的观念。太极拳的"听劲、化劲"所体现的核心思想是通过听劲了解对手，通过懂劲知道对手，进而做到推己及人。太极拳在运动的过程中教会人尊敬对手，全身心地观察对手，做到无我的境界，从而培养人高尚的道德和仁爱的思想。纵观太极拳体现的文化内涵，可以毫不掩饰地说，中国武术的产生吸收了中国传统文化的精髓，而太极拳则是其中典型的精英文化。这种文化伴随着太极拳理、拳法、技法及练习过程的始终，成为太极拳练习的指导思想和总纲。

二、太极拳是武术精英文化的凝结

有着三百多年历史的太极拳，其起源和创拳至今仍是个争论不休的话题，对太极拳的创拳也有着各种各样的说法。然而，依据武术拳种形成的规律，"太极拳不太可能由两个人根据什么原理而一下子有新悟而发明出来的，有一个历史继承，是历代拳家和拳术爱好者在继承前人实践经验的基础上不断地创新发展所获得的丰硕成果。"[1]因此"太极拳者，乃中国武学文化发展到一定阶段的必然产物"[2]，是"中华武术孕育太极，发展到了最高阶段就是太极拳"[3]。太极拳文化是中国武术文化文明进程中的体现。

（一）太极拳理论体系更加完善

太极拳的产生是吸收了当时武术文化的精华，并丰富和完善了其理论体系。陈王廷是在继承家传武学的基础上，根据多年的实战经验，"汲取了戚继光《拳经》三十二式中的诸多拳式，并参悟《黄庭经》中的道家养生修炼的理论，结合吐纳、导引、气功，对太极拳进行了突破性的改造"[4]，从而形成了体系完善的太极拳理论。近几年来，随着对太极拳研究的不断深入，有些学者还提出：陈式太极拳与少林拳法有着密切的关系，金刚捣碓、单鞭、

---

[1] 李永彬. 太极拳起源辨异[J]. 体育文化导刊，2009（1）：128-129，136.
[2] 梅墨生. 大道显隐：李经梧太极人生[M]. 北京：当代中国出版社，2007：79.
[3] 余功保. 盈虚有象：中国太极拳名家对话录[M]. 北京：人民体育出版社，2006：97.
[4] 蔡宝忠. 中国武术史专论[M]. 北京：人民体育出版社，2003.207.

斜形、七星、高探马等名称与陈式太极拳是相同的。另外少林拳"柔拳"和"柔形捶"的演练中,也包含了太极拳的柔劲和抖劲[1],也充分说明了中国武术其他拳种对太极拳形成的重要影响作用。

而太极拳所体现的阴阳、动静、刚柔、虚实、后发先至等技击思想在武术技击中的应用由来已久。《吴越春秋》中记载越女论剑时说:"其道甚微而易,其意甚幽而深,道有门户,亦有阴阳,开门闭户,阴衰阳兴。凡手战之道,内实精神,外示安仪,见之似好妇,夺之似惧虎"[2],说明了阴阳、动静在武术技击中的应用;吴殳在《手臂录》中记载:"柔能制刚,弱能胜强,此即中软破硬之法也",说明在技击中已有对刚柔思想的运用;我国先秦时期伟大的思想家庄子在说剑篇中指出:"夫为剑者,示之以虚,开之以利,后之以发,先之以至"[3],说明当时在技击格斗过程中,虚实、后发先至等思想已经形成。而太极拳所体现的刚柔相济、动静结合、舍己从人等理念是在总结、吸收了以上技术要素的基础上,以太极理论为基础,不断充实和丰富了它的理论,形成了独具文化特色的太极拳体系。

(二)太极拳修习价值向多元化方向发展

价值多元化是太极拳能够快速发展并广泛传播开来的重要因素。当今社会中,太极拳以其多元化的价值取向,正成为大众健身、修身、娱乐的主要运动项目之一。

一是太极拳体现鲜明的休闲特征。"中国武术正是基于深厚的东方文化之上,使得原始的'武技'在这样的文化背景下,远离血腥,远离暴力,远离竞争,逐渐走向了一个追求教化,追求感化,崇尚道德,崇尚和谐的发展空间。中国的武技在退却了'搏斗'本元之后、在回避了'决斗'功能之后、在淡化了'技击'属性之后,形成了今天的中国武术"[4]。而太极拳的产生是在不断吸收道家的导引、吐纳、中医经络学说和太极阴阳之理的基础

---

[1] 蔡宝忠.中国武术史专论[M].北京:人民体育出版社,2003:215-216.
[2] 国家体委武术研究院.中国武术史[M].北京:人民体育出版社,2003:37.
[3] 庄子.庄子[M].孙通海,译注.北京:中华书局,2007:353.
[4] 王岗.武技到中国武术的历史追述[J].体育科学,2008(10):78-85.

上，博采众长之精华而创造的一套具有阴阳相合、刚柔相济拳学理论。太极拳在其产生的初期，就体现明显的休闲特征。太极推手是太极拳把技击的暴力转化为文明比试的一个创新；据《温县志》记载，太极拳的创始人陈王廷"明亡后隐居在家，晚年造拳自娱，教授弟子儿孙，成龙成虎任方便……"[1]"闲来时造拳，忙来时耕田"，是陈王廷在创拳初期休闲理念的真实写照。

二是太极拳凸显健身的价值取向。太极拳在发展的过程中，作为武术技击的功能在不断弱化，而其具有的休闲、健身、修身的功能有所增加。正所谓"若言体用何为准，意气君来骨肉臣。详推用意终何在？益寿延年不老春。"[2]"练习太极拳，若能姿势正确，心静体松，长期坚持，自会有中正安舒，轻灵稳健，心旷神怡，欲罢不能之感。"[3]太极拳弱化了以技击为主要功能的价值取向，而逐渐演变成一种高雅、文明的艺术交流，是一种休闲的快乐、一种心灵的享受。"太极拳的创造与演变，综合了各家拳术的精华，包括手法、身法、眼法、步法，还结合了导引术、吐纳术，内外合一，浑然一体,从而使其具有很好的技击性和良好的保健性"[4]。太极拳正是通过优雅的运动，将激烈的技击、打斗内化成慢中有快、快中有慢的身体运动；将导引、吐纳与动作相结合，追求自然呼吸，动作与呼吸协调一致，凸显了其健身的价值取向。

（三）太极推手：武术技击文明化体现

人类社会文明化的进步是不可阻挡的大趋势。搏斗这项野蛮的运动，在社会文明化进程中也得到了进化，无论是东方还是西方，均出现了文明化的进程。在古老的西方竞技运动中，"对暴力的限制经历了一个漫长而重要的历史发展过程，主要表现在逐渐控制竞技动作，逐渐控制竞技中的冲

---

[1] 顾留馨.太极拳术 [M].上海：上海教育出版社,2008：385.
[2] 王宗岳.太极拳谱 [M].北京：人民体育出版社,2006：35.
[3] 赵斌,赵幼斌,等.杨氏太极拳真传 [M].北京：北京体育大学出版社,2007：182.
[4] 梅墨生.大道显隐：李经梧太极人生 [M].北京：当代中国出版社,2007：10.

动。"[1]"16世纪末的长矛比武要穿戴盔甲，高树栅栏，长矛很轻而且并不锋利；而中世纪的长矛比武则是真枪实矛，比武场不设任何障碍。……总而言之，16世纪以来的长矛比武，既保留了激烈的搏斗，又不允许真枪实战，既允许冲动又克制冲动——这就是古老的竞技运动史体现的两个极点。"[2]

而作为东方搏斗文化的中国武术，随着社会的进步和价值取向的多元化，中国武术不断远离野蛮的搏杀，而逐渐呈现文明化的进程。如古代剑的演变，从战争的军事武器到民间斗剑的盛行，最终成为君子或权利的象征。剑的演变历程体现了一种文明化的进程。"技击对太极拳来说是'末技'。太极拳在发展过程中，'技'逐渐被'艺'所取代，渐变为一种高品位的身心修炼法门。太极拳修炼者的境界已远远超出了疆场厮杀、擂台争霸之藩篱。"[3]太极推手将武术的技击格斗功能转化为温文尔雅的推手比赛，通过相互之间听劲、懂劲而到达神明的境界，从而战胜对手，也体现中国武术搏杀、格斗文明化进程。总之，今天的太极拳是将张扬的运动内敛化，将激烈的矛盾冲突文明化，也是中国武术适应社会文明化发展的必然结果。

（四）修习方式呈现太极拳精英文化的特点

中国武术历来强调内外兼修、形神兼备、外练筋骨皮、内练一口气。而中国武术的修习方式大致体现为由刚到柔、"由外及内的练化过程或习练方式"[4]。而太极拳的习练方式却出现了有别于其他拳种的独特特征。太极拳的习练先从"慢、柔、松、静"入手，由慢到快，再到快慢相间；由柔到刚，再到刚柔相济；由松到蓄劲，最后爆发出超乎寻常的缠丝劲；由静到动，再过渡到动静结合，无不体现了由内到外的修炼方式。李雅轩说"太极拳的练法，其最重要的是身势放松、稳静心性、修养脑力、清醒智慧、深长呼吸、

---

[1] 乔治·维加雷洛．从古老的游戏到体育表演［M］．乔密加，译．北京：中国人民大学出版社，2007：6.
[2] 乔治·维加雷洛．从古老的游戏到体育表演［M］．乔密加，译．北京：中国人民大学出版社，2007：6.
[3] 马国相．我的太极之路［M］．北京：中国中医药出版社，2007：235.
[4] 王岗．中国武术技术要义［M］．太原：山西科技出版社，2009：189.

气沉丹田等"[1]。在练习套路的过程中，思想要集中，在大脑意识的指挥下，以意运形，使内气节节贯通，使外形与内气保持一致，用意识不断地指导动作，始终做到"上下相随，内外合一，用意不用力"[2]，体现了注重内练的显著特征。正因为太极拳修习方式直接选择了武术的最高境界作为练习内容，所以往往需要花费更多的时间、付出更多的努力来实现，才有了"太极拳十年不出门"的漫长过程，也体现精英文化的显著特征。

三、太极拳精英现象是社会发展各种因素合力的结果

作为中国武术重要拳种之一的太极拳，它的诞生是社会发展的结果，太极拳发展中的精英现象，是历史社会条件、文化背景、时代人物等各方面共同因素合力的结果。

（一）武术理论逐渐成熟为太极拳精英现象产生提供了土壤

关于太极拳的起源，有着不同的观点。据武术家唐豪考证，太极拳最早由河南温县陈家沟陈王廷所创。陈王廷生活在大约1600~1680年。而当时社会正是中国武术集大成的时代，各种武术理论逐渐成熟，在中国武术史上，明清时期是中国武术集大成时期，表现在武术拳种、流派大量产生，形成了较为完善的武术技术体系。如宋太祖三十二式长拳、三十六合锁、温家七十二行拳等等；武术技术体系的形成奠定了中国武术特定的内容体系。并且，在中国武术技术体系逐渐形成的同时，与武术相关的理论论述大量产生。根据对著名武术典籍产生时间的统计表明（表4-1），在陈王廷诞生前不足100年的时间里，各种武术理论书籍相继诞生，不断丰富了武术的理论体系。如《阵纪》中记载："学艺先学拳，次学棍，拳根法明，则刀枪特易耳，所以拳棍为诸艺之本源也。"伴随着武术技术体系、理论体系的形成，一些武术家根据练功经验，编写了武术习练的拳谚、歌诀；并根据不同的习练对象，形成了多种武术训练方法和要求。另外，在武术习练之余，在武术

---

[1] 余功保．盈虚有象：中国太极拳名家对话录[M]．北京：人民体育出版社，2006：20．
[2] 梅墨生．大道显隐：李经梧太极人生[M]．北京：当代中国出版社，2007：236．

理论中吸纳导引养生、中医经络学说，进一步丰富了中国武术的理论体系。在此背景下，成熟的武术理论，为太极拳理论的产生提供了前提条件。太极拳的诞生恰恰也是中国武术集大成的表现。

表 4-1　明末清初部分武术典籍统计[1]

著作名称	作者	成书时间
《纪效新书》	戚继光	1528—1587
《阵纪》	何良臣	1522—1566
《耕余剩技》	程宗猷	1561—？
《武备志》	茅元仪	1594—1640
《内家拳法》	黄百家	1643—？
《手臂录》	吴殳	1611—1695

（二）文化融合为太极拳精英现象的产生提供条件

在中国传统文化中萌生、发展起来的中国武术，受中国传统文化的熏陶，不自觉地汲取中国传统文化的精华，形成了自身的理论体系，升华了武术理论。主要体现在，以传统哲学名词命名，并以哲理阐发拳理现象的产生，这就为太极拳以太极文化为理论依据提供了文化氛围。如陈鑫的《陈氏太极拳图说》中明确指出太极拳是"理根太极，故名曰太极拳"[2]，并且用了近三分之一的篇幅阐述太极理论，充分说明了太极理论对拳术的重要作用。

另外，武术与气功、导引、吐纳、中医经络学说的结合，使武术技法上重视练气，强调以意领气、以气运身，以及追求内练的倾向，这种锻炼方式也为太极拳注重养生、呼吸，重视修身养性，提升太极拳的文化品位提供了条件，使太极拳逐渐吸收了各种文化的精华，体现其精英文化的特征。

---

[1] 国家体委武术研究院.中国武术史[M].北京：人民体育出版社，2003：275-281.
[2] 陈鑫.陈氏太极拳图说[M].太原：山西科技出版社，2009：1.

（三）武术精英人才共同参与体现太极拳精英文化特征

太极拳是武术集大成的必然结果，也是精英文化的凝结。从陈王廷所修习的陈式太极拳到目前社会上流传的各门派的太极拳，是广大精英人群在继承传统的基础上，结合自身的文化素质及实践能力，逐渐形成了技法鲜明、风格独特的各式太极拳。根据对各个时期部分代表人物的基本简介统计（表4-2）可以看出，太极拳的创始人或者具有较高的文化素质，属于当时社会中的精英人才，具备了升华太极拳理论的文化底蕴，或者首选部分上层精英人群作为太极拳传播的受众，使太极拳创编初始就以精英人群为传播对象，如杨式太极拳的诞生，是杨露禅在北京端王府授拳，他"为了适应学者（大部分是八旗子弟）体力娇弱的特点，舍弃了套路中的难度和发劲动作"[1]，形成了拳架舒展大方、动作缓慢柔和、简练易学的杨式太极拳。这体现出太极拳在发展过程中精英化的倾向。

表4-2 太极拳部分代表人物基本信息统计

姓名	所属流派	基本信息
陈王廷	陈式太极拳	明末武庠生，清初文庠生
陈鑫	陈式太极拳	前清岁贡生，陈式太极拳第八代传人
杨露禅	杨式太极拳	曾在北京端王府授拳。选择的受众为当时的社会精英人层
武禹襄	武式太极拳	自幼喜武好文，出身于官宦家庭，清举人[2]
李亦畬	武式太极拳	河北永年望族。父世馨，字贻斋，咸丰元年(1851年)辛亥岁贡生
孙禄堂	孙式太极拳	天资聪颖，勤奋好学，文武兼学

有着三百多年历史的太极拳，无论从其诞生的社会环境、历史背景还是文化氛围，都为太极拳成为一种典型的精英文化创造着条件，而经过武术精

---
[1] 张茂珍.陈式太极拳精义[M].北京：人民体育出版社，2004：12.
[2] 同[1].

英人才的共同参与，逐渐形成了独具文化特色的太极拳运动，使太极拳积淀了浓厚的精英文化底蕴。尤其在民族文化特色日益彰显的社会中，太极拳所体现的文化精英现象，必将成为主流社会人群主要运动项目之一。而在走向大众化传播的过程中，太极拳应该树立其精英文化的传播形象，从而引导太极拳的大众化发展。

第二节　太极拳大众传播之发展

源于河南温县的太极拳，经过三百多年的发展，已经成为中华武坛上一颗耀眼的明珠。太极拳动中求静的运动方式，绵缓斯文的运动风格，舍己从人、随曲就伸的运动理念，引进落空、立身中正的技击思想，成为中华优秀传统文化的典型代表，积淀了厚重的中国传统文化精华，秉承着中原武术的文化血脉，体现着中国人的思维方式和生活习惯。太极拳文化成为中华优秀传统文化的一种标识性文化。

2005年9月，中共河南省委、河南省人民政府印发《河南省建设文化强省规划纲要(2005—2020年)》的通知中要求"加快文化强省建设，打造文化河南"，还特别提出"加强民间传统文化艺术的保护、传承、开发和创新"。大力发展一批特色文化园区，其中焦作太极拳也包括在内。这就使太极拳文化成为河南省打造文化强省战略的标识性文化显示了重要的现实意义。因此，结合河南省建设文化强省的战略目标的契机，利用河南省有利的地理优势，把太极拳作为河南的一种标识性文化，打造河南太极拳文化品牌，为建设河南省文化强省服务。

一、太极拳文化符号彰显中原武术文化的特色

（一）太极拳的产生凝聚了中原武术文化的精华

源于河南温县的太极拳，已经成为中原武术文化的重要组成部分，凝结着中华民族的智慧，是中原文化甚至是中国传统文化的代表。尤其是太极拳

刚柔相济、动静相随的运动风格，修身养性、强身健体的时代价值，使之传遍五湖四海，成为大众生活中健身、休闲的重要内容。

中原自古以来就是中华文明的发源地之一，有着悠久的历史和厚重的文化底蕴。长期以来，中原地区独特的自然环境与地理条件，塑造了中原人民吃苦耐劳、诚厚朴实、内向保守的文化品格。这种文化品格诞生下的太极拳，具有了明显的中原文化特征。"立身中正，不偏不倚""刚柔相济，快慢相随"等特点，成为太极拳的一种标识性文化符号。

另外，中原地区历来是兵家必争之地，自古以来就盛行尚武之风，形成的拳种多达40多种，这就使太极拳在创始之初，就吸取了中国武术诸多门派的精华，同时结合《易经》阴阳之理、中医经络学说、导引吐纳术等理论，创编了独具特色的人体运动项目——太极拳。太极拳以太极文化为理论依据，根据阴阳相互统一的特点，形成了刚柔相济、快慢相间、虚实分明、动静相随的运动特点；根据阴阳相互转换的理念，形成了以静制动、以柔克刚、以弱胜强、以慢胜快、以巧胜拙，最忌以拙力死拼烂打，最忌硬顶硬抗的特点。太极拳结合行气、导引之术，形成了"以意领气，以气催力"的技击效果。太极拳的运动理念蕴含着深奥哲理，是中华民族智慧的结晶，它集中体现了中国人的处世之道，体现了中国人对人生、宇宙的悟解，是中国传统文化的一种特殊表现形态。太极拳所蕴含的哲理凝结着中国人的思维方式，也成为中原文化的标识性符号。

（二）太极拳的技术特点凸显了中原武术文化的符号

"太极拳者，乃中国武学文化发展到一定阶段的必然产物"[1]。太极拳在诞生之初，就吸收了其他武术拳种的精华，使其具有武术技击实战的显著特点。太极拳每一招、每一式甚至每个动作，都有很强的技击含义。然而，又因为太极拳运用了中国古代的阴阳学说和中医经络学说为理论依据，结合了古代导引、吐纳之术，从而使太极拳有着区别于其他武术拳种的显著特征。太极拳讲究意念引导气沉丹田，讲究心静体松，重在练内，被称为"内功

---

[1] 梅墨生.大道显隐：李经梧太极人生[M].北京：当代中国出版社，2007：79.

拳"之一，按经络运行路线，螺旋缠绕，以意行气，通任督二脉，练带脉、冲脉。各式传统太极拳也皆以阴阳学说阐释拳法中的各种变化，从而形成了独特的太极拳技术特点。动静相随的运动风格，舍己从人的技击理念，体现着中华民族的性格气质，蕴含着中华民族对搏击之道的独特悟解。它既不同于那种张扬自我、崇尚刚猛的欧美拳击，又不同于极具岛国文化特色的日本空手道，也不同于带有浓烈热带丛林气息的泰拳。太极拳所倡导的刚柔相济、内外兼修、松静自然的运动方式，更具有典雅、深邃的内涵。太极拳已不仅是单纯的格斗、搏击术，也不是力气与技法的简单结合，而体现的是丰富的中国文化哲理，深蕴着中华民族对生命和宇宙的参悟。太极拳以一种近乎完美的运动形式诠释着古老的东方哲学思想，追求那种完美而和谐的人生境界，更彰显了中原文化的特色。

二、太极拳文化符号是中国传统文化思维方式的体现

太极拳作为中华民族独特的文化存在形式，其存在发展离不开中华传统文化的土壤。太极拳所体现的是不同于其他文化形态的一种思维方式。占中、求圆、守中、用中、舍己从人、以柔克刚等无不与中国优秀传统文化息息相关，体现着中国人的思维方式。

在漫长的历史发展长河中，出于自然的崇拜，天圆地方的观念深入人心，使中国文化形成了强烈的圆文化意识形态，这种观念和情感自然而然的发展、演变，形成一种求圆的思维习惯、思维倾向，并渗透于中国人的生存方式中，渗透于中国社会的方方面面，逐渐形成稳定的圆形思维方式。这种圆形思维方式生生不息、深深积淀在民族的意识中，贯穿于中国文化的各个领域；它不仅影响着中国人的思维模式，也决定着中国文化的深层结构。

深受中国传统文化影响的太极拳，非常明显的体现着圆的意识形态。练太极拳，许多动作都有划弧、缠丝、抱球的特点，如陈式太极拳注重缠丝劲，走弧形；杨式太极拳中的搂膝拗步、野马分鬃等动作，转换中大多有抱球。太极拳的整个练习过程，其实无处不体现着弧线、求圆的运动规律。太极拳要求"立身中正""含胸拔背""圆裆松胯"的要领使身体成一个圆，只

有当整个身体成一个圆时，身体才能放松，力量才能整合并达到节节贯通。身体只有在弧形、圆形的状态下，人体经络才能慢慢地疏通，气息达到充盈，所以练拳的过程中气是饱满状态、有内劲的。练拳达到一定层次，习练者会感到"气"在身体内部流动，这是练太极拳所追求的高层境界。注重求圆的太极拳，无论是手在空中所形成的路线，还是胯在转换中的变化，以及脚在前进或后退时等，都无处不体现了圆的思维。圆在太极拳的运动中无处不在，太极拳周身无处不是圈。占中求圆的运动特点体现的恰恰是内在的思维方式。

三、打造太极拳文化符号的时代价值

（一）太极拳文化符号是河南省无形的经济资源

长期以来，受思维定式的影响，人们一直对资源的认识存在偏差。其实，随着社会的发展和科技的不断提高，无形资源越来越彰显重要的作用。尤其在现代社会中，当文化成为衡量一个国家或民族竞争力的时候，中国文化如何在未来社会中实现复兴，引起了国内人士的重视。河南省正是在这样的背景下，及时地提出了文化强省战略。文化发展以经济为基础，经济发展以文化为支撑，两者相互联系、相互渗透、相互融合，成为当代社会发展的重要特征。

太极拳作为无形的文化资源，本身就蕴含巨大的经济潜力。太极拳文化的传播，已经使国内外认识到太极拳的作用和价值。据2019年数据显示：携程平台上焦作旅游人次同比增长36%，交易额同比增长38%；第二届云台山群英会吸引19万游客参与，成为焦作旅游转型升级的新IP和新样板。深挖太极圣地、山水焦作资源，扎实推进旅游"二次创业"，全市共接待海内外游客5856.83万人次，同比增长10.85%；实现旅游综合收入480.18亿元，同比增长10.78%。巨大的经济效益已经彰显太极拳文化巨大的经济潜力。

塑造太极拳文化符号，把太极拳打造成能代表中原文化甚至是中国传统文化的标识性符号，不但可以打造太极拳的文化品牌，传播太极拳文化，而且塑造文化符号，可以使太极拳成为一种文化的标杆，从而强化太极拳的品

牌效应。只有塑造了太极拳文化的符号，才能更充分地发挥太极拳文化所凝聚的文化潜力，更大程度地撬动太极拳产业所带来的经济效益。

（二）打造太极拳文化符号是时代的需要

在社会高度发达的今天，当"发展"和"强盛"成为人类社会生活最盛行的趋势，当我们在努力实现社会现代化的进程，当科学和技术所创造的物质财富极度地满足人们欲望时，人们的精神世界却显得无比空洞。人们在追求破旧立新的同时，也越来越多地丢失了历史长期积累和蕴含着的许多文化和价值，我们的生活越来越缺少了什么，越来越浅薄、浮躁和索然无味。找不到文化的根，失却文化的家园，成了精神的放逐者。在此情况下，人们不得不以新的语言、新的逻辑、新的思路来处理当下所遇到的问题，以寻找一条合适的、协调的、全面的、可持续的和谐发展之路。

太极拳以动中求静的运动方式，无处不体现着和谐的思想，追求着天人合一的和谐理念，调节着人的身心健康，满足着大众人们的需要。太极拳文化开始逐步成为当今社会发展所必需的主流文化。因此，把太极拳作为河南实施文化强省战略的标识性文化，不仅对河南、中原甚至是全国都彰显着巨大文化价值。

（三）打造太极拳文化符号应遵循发展的规律

太极拳文化符号的树立，在一定程度上，可以形成品牌效应，为太极拳文化的传播与发展开拓市场。然而，在树立太极拳文化符号的同时，也应遵循太极拳发展的规律，避免由过度追求品牌效应与经济效益而产生的负面影响。

树立太极拳文化品牌，是从文化保护的角度出发，对太极拳文化继承、传播提供发展的路径。因此，树立太极拳文化品牌，不能以获取暴利为目的，尤其是在塑造太极拳文化为中原文化名牌的同时，不得出现以太极拳文化传播为名的学校、公司等以营利为目的的机构，或者是一些假托传播太极拳而不择手段谋取名牌、假冒名牌，从而毁了辛辛苦苦创下的文化名牌。树立太极拳文化符号，应站在弘扬中原文化的角度，对太极拳文化进行继承和发展。太极拳文化品牌也不仅是一种能带来经济效益的商品，它更是中原优秀的传统文化，是需要我们进行保护的对象。因此，树立太极拳文化品牌，打造太极拳文化符号，应首先以继承传播太极拳文化为前提，在保证文化不被破坏的前提下，追求品牌所带来的经济效益。

而对于太极拳文化的传播，应遵循文化遗产保护的规律，不能人为地对太极拳文化景观、故居遗址等遗产进行"创造性"破坏。同时应避免过度追求开发，而造成文化遗产的破坏。另外，在太极拳技术的推广上，应尽量保持传统太极拳的风格，使接受者能感受到原生态的中国传统太极拳文化，避免由外来体育文化的侵袭而改变了其文化本质。总之，太极拳文化符号的打造，应遵循太极拳发展的基本规律，传播优秀的、能真正代表中国优秀传统文化的太极拳。

在民族区域文化和各种竞争日益激烈的背景下，太极拳所蕴含的文化思想和彰显的时代价值更加凸显。太极拳已成为中原甚至是中华民族的文化符号。其不同于西方运动项目的运动方式、健身机理，成为当今民族传统体育发展的重要内容。太极拳所蕴含的文化底蕴、思维方式、健身理念，当之无愧地成为当前的一种标识性文化。

第三节　太极拳大众传播之规律

作为精英文化的太极拳，为了适应社会的需求，吸引更多的人群参与到太极拳锻炼中来，其发展总体呈现技术由繁到简、由含蓄到外显，文化由高雅走向通俗的演变过程，受众由少数武术精英到大众参与。太极拳应坚守以"精英"引领"大众"的大众传播策略，使太极拳大众传播的价值取向从"单一"走向"多元"。

一、太极拳大众传播的技术体现由繁到简的演变特征

太极拳是武术文明化进程的体现。太极拳在三百多年的发展过程中，

其技术特点总体呈现由复杂到简单、由含蓄到外显的演变历程。如陈式太极拳老架一路就是将在陈家沟流传的古老套路五套捶、五套拳总合为一路七十二；十五红、十五炮与红炮捶合二为一，成为陈式太极拳老架二路，而太极拳长拳一百零八式则逐渐不传。陈式太极拳新架与老架虽然拳理均出一脉，然而在动作形式上却出现了区别。新架逐渐"扬弃了某些高难度动作"，突出"手活于腕，转关在肩，将肩松腕活的手法变化有意识地流露于外，让大家看得见手腕的技巧及擒拿与反擒拿的用法，促使练习者下功夫；另外通过小圈的引动将技击用法以圆中有直、直中求圆的缠丝劲变成抽丝而表现出来，使练习者能够清楚地看到技击的变化，提高学习者的兴趣"。

而杨露禅在京城传授拳艺，"为了适应保健需要，改陈式老架拳，创编成拳架舒展严谨，动作和顺"的杨式太极拳，后来杨健侯、杨澄甫等人去掉了原有的跳跃、发劲等复杂动作，把太极拳改成慢架子，形成了现在的杨式太极拳的风格特点。"1912 年，吴鉴泉在北京体育研究社教授太极拳，他对家传的太极拳加以充实和修改，去掉了重复和跳跃的动作，使拳架更加柔化，动作松静自然，连绵不断，舒展自如，渐成自己的风格而独成一派，世称吴式太极拳。"[1]也体现出太极拳由繁到简、由难到易的演变特点。而到 20 世纪 50 年代，为了人民健康，国家将"传统的杨式太极拳一百零八式套路缩短为八十八式，又在此基础上，抽出基本动作创编了一套二十四式太极拳，就是目前世界上广泛流传的二十四式简化太极拳"[2]。以至于现在竞技太极拳的出现，无不体现了太极拳由繁至简、由含蓄到外显的演变历程。

随着社会的发展，太极拳推手也产生了明显的变化。早期"陈王廷所创造的推手方法，是综合了擒法、拿法、跌法等各种技法，技击性很强，运动量极大，非一般人所能锻炼。新创各种架式的推手方法，都逐渐改为不跌、不管住脚和不下蹲及地的推法；在擒拿法方面，仅主张拿住对方劲路，而不许采用按脉截脉的擒法和反筋背骨的拿法。新的推手方法，着重发展了练习

---

[1]严双军.太极功夫[M].郑州：中州古籍出版社，2014：64.
[2]吴兆祥.体育百科大全武术[M].合肥：安徽人民出版社，2010：11.

皮肤触觉和内体感觉灵敏的沾连粘随，并乘势借力而放劲的一面"[1]，体现出太极推手由繁至简的发展方向。

二、太极拳大众传播的文化体现由高雅到通俗的演变特点

原本属于精英文化的太极拳，只存在于部分武术精英的人群中，成为他们享受、把玩的文化艺术。然而，随着社会的发展及人们价值取向的需要，太极拳文化逐渐呈现由高雅到通俗的演变特点。从杨露禅京城传拳，到陈、杨、孙、吴、武等各派太极拳的出现，太极拳逐渐进入大众健身的视野，并遍布世界各地，成为大众健身喜闻乐见的运动项目。

然而在大众传媒成为话语权的时代，作为精英文化的太极拳的传播不可避免地受到大众文化的冲击，逐渐改变着其文化形象，成为适合大众的大众文化。因为"大众文化的蔓延，不经意地便形成了一种新的意识形态，这就是以消费、享乐、欲望所构成的对精英文化暴力的反抗，以及对消费、享乐、欲望合法性的无言要求"[2]。太极拳在向大众化传播的过程中，既要满足大众的需求，又要适应大众文化的特点。因此，原本属于高雅文化的太极拳在传播的过程中，逐渐变得通俗化，原本具有深厚内涵的太极拳文化，为了让大众能够理解、接受，其文化变成浅显、易懂；原本含蓄、注重内在修炼的太极拳，为了吸引大众的眼光，开始追求外在的表演与动作的优美；原本属于身体文化的太极拳，在西方体育运动项目的影响下，逐渐变得简单化。太极拳在向大众化传播的过程中，改变着自己的文化形象，淡化着精英文化的特点。

三、太极拳大众传播的受众人群体现由少数精英到大众参与转变

从三百多年前太极拳的产生至今天在世界范围内的广泛传播，太极拳的发展体现出由少数武术精英到大众参与的演变规律，其受众人群不断增多，

---

[1] 严双军.太极功夫[M].郑州：中州古籍出版社，2014：64.
[2] 王婷.名流：一个文化研究的视角[M].上海：复旦大学出版社，2016：260.

成为当前武术拳种中传播最好、最广泛的项目。从太极拳传播的历程可以发现，杨露禅传拳，突破了原有的家族式传承方式，选择以大都市为传播领域，以王公贵族为传播对象，扩大了太极拳的影响，为太极拳在都市的发展奠定了基础，也吸引了更多的人参与到太极拳锻炼中来。

另外，太极拳在传播的过程中，不断改变其难度动作，简化练习内容，突出缓慢柔和的运动方式、动静相随的运动特点和独特的健身效果，让更多的人群参与太极拳。尤其在当前社会，太极拳已经成为大众喜闻乐见的运动项目。

四、太极拳大众传播应坚持以"精英"引领"大众"

（一）太极拳大众传播应坚持"精英"与"大众"共存

太极拳大众化发展，是不可阻挡的趋势。然而，太极拳向大众文化的转变，却离不开太极拳精英文化的引领。在商品经济催生下的大众文化的最大特点是新奇、易变，在快速传播中形成一种时尚，进而引起消费者，特别是青年群体的兴趣。太极拳的大众传播，一旦融入市场，也应该简单化、时尚化，使动作更加漂亮、美丽，从而吸引大众的眼睛。目前，竞技太极拳以其优美的动作，吸引了部分青年人的喜爱；他们以抖音等现代传播渠道为媒介，以华丽的服饰，配上美妙的音乐，以此来达到吸引消费者的目的。然而，"以消费为特征的文化所启动的文化市场，在极大地推动大众文化业发展的同时，也构成了对精英文化或严肃文化的极大冲击；它在强化文化的娱乐功能的同时，也使人的欲望得到了没有遏制的膨胀"。太极拳文化品位，在市场的运作下的太极拳大众传播，部分传播者为博取流量，也存在着以庸俗的方式获得点击量，如隔空打人，虚假、夸张的宣传等，对太极拳逐渐失去了高雅文化特征。

民族文化日益凸显的时代，传播太极拳，其实是在向世界推介我们的优秀文化。如果在传播太极拳的过程中，忽视了优秀文化的传播作用，那么我们的发展将是削足适履、舍本求末。因此，我们应站在民族文化复兴的高度，以全球的视野向世界传播我们的太极拳文化。而坚持太极拳"精英文化"与"大众文化"共存的推广理念，是保证实现这一宏伟蓝图的前提。

（二）太极拳大众传播应坚持"品牌"引领"时尚"

在大众传媒盛行的时代，品牌成为大众传播的有效途径。品牌作为无形资产和重要战略资源，在文化产品的竞争中占有举足轻重的作用，知名品牌具有不可估量的社会影响、号召力，以及可观的经济效益。品牌"能给媒体带来溢价、产生增值的一种无形资产，它的载体是用以和其他竞争者的媒介产品相区分的符号集合，包括媒体名称、标识、风格、设计等元素的集合，其增值的源泉是在用户心中形成的媒体印象"[1]。媒体品牌的传播符号应有独特性和持久性。太极拳的大众化发展，离不开品牌的推介作用。因此，当前太极拳的发展，应通过走出去与引进来的方式，以全球的视野建立对外联系的渠道。一方面，打造太极拳名师、名家，并将其推向省外、国外进行表演和交流，向世界传播太极拳文化；另一方面，举办有影响的太极拳表演赛、交流赛，扩大太极拳在世界范围内的辐射力及品牌效应。同时与高校建立联系，利用高校的文化资源和平台，培养高素质的太极拳专业人才，为太极拳文化品牌的打造提供丰富的人力资源，以此带动更多的人参与到太极拳运动中来。总之，以打造太极拳文化精英为主体，以精英文化的品牌效应促进太极拳的大众化发展，是发展太极拳必须坚守的策略。

五、太极拳大众传播的价值取向由"单一"走向"多元"

太极拳文化是中国传统文化的精英，是一种高雅的文化，然而现代社会，随着社会文化的不断繁荣，太极拳文化呈现多样性的发展趋势。传统的太极拳文化相对比较单一，受西方体育文化的影响，太极拳文化逐渐吸收了西方体育文化的很多内容，丰富着自身的文化体系，使太极拳逐渐与其他西方体育运动项目的文化属性趋同，使太极拳独特的文化特性受到弱化。我们在看待文化多样性和趋同性问题时，需要提供一个参照物。当前所谈到的文

---

[1] 孙璐.全球化新格局下 CGTN 的国际传播研究［M］.北京：光明日报出版社，2021：119.

化的多样性是以每个区域或者国家为参照物，由于世界文化的交流，使得世界文化逐渐趋向统一，世界性的文化多样性逐渐消失。然而，对于某一个区域或者个体而言，当今的文化交流恰恰是造成个体内部文化多样性的主导因素。作为单元内部的成员来说，文化的交流为消费者提供更大的消费选择菜单，太极拳文化也在与西方文化的交流过程中，修正了自身的问题体系。

事实上，无论是个体内部的多样性还是个体之间的多样性，消费者所喜欢的其实是由自己的偏好所规定的多样性。太极拳文化内部多样性的价值，也是由习练者的价值取向所决定的。尤其在现代社会，随着文明化程度的不断提高，人们对太极拳固有的武术技击价值取向有所减少，社会环境也不需要由太极拳的技击来安身立命和保家护院，取而代之的是由社会环境所决定的健身、休闲价值功能诉求的增加，由此太极拳的健身、休闲价值就不得不成为其大众化发展的主要特征。

总之，太极拳在世界范围内的广泛传播，已经吸引了庞大的习练人群，有着巨大的发展潜力，成为代表中国形象的文化符号。然而，今天的太极拳国际传播，其实质是在传播我国优秀的传统文化，传播中国文化的和谐思想与理念。太极拳在大众化发展的过程中，必须坚守其蕴含的高雅文化特质，避免因过度追求文化娱乐化、功利化需求，而忽视大众文化对其高雅文化特质的负面影响。因为，文化的最高价值曾经被确定为独特性，我们只有在发展的过程中保持了文化的独特性，太极拳才能真正彰显中国文化的精髓。

作为中国传统文化的重要载体的太极拳，已经成为代表中国形象的文化符号。太极拳在中国甚至在世界范围内的广泛传播，有利于中国传统文化的传承和发扬。站在新世纪的起跑线上，以新的视角审视太极拳大众化传播历程，梳理太极拳的发展规律，为太极拳国际化传播开辟新的天空。

第四节　太极拳大众传播之方向

一种文化的兴衰，往往依靠延续这一文化的群体。尤其是在中国成为世界第二大经济体的今天，中国已经走进中国特色社会主义新时代，当下的中国更需要一种足以支撑起与其经济地位相匹配的文化方式，在国内以汇集民族凝聚力，在国际以推进其在世界范围的影响力，并昭示与展现中华民族和国家的竞争实力。因此，太极拳被作为中华文化的典型代表，在国际竞争日趋激烈之时，在中国文化亟须大发展、大繁荣之日，太极拳应从传统的精英文化逐渐向平民文化过渡，从"窄众化"向"大众化"转化，但是，如何适应民众的需求，如何维护太极拳的国际文化品牌地位，如何继承太极拳的文化品位，如何弘扬太极拳的文化精神，如何走出一条太极拳大众化发展之路并在世界范围推广，从而支撑起当代中国的文化自信，值得深思且耐人寻味。尽管太极拳大众化的发展问题仍然存在着。但太极拳的发展为中国的大众文化注入了新的力量和能量，同时也为太极文化的传播创造了新的机会和动力。

一、支撑当代太极拳自身发展的需要

太极拳经历了从相对封闭的乡村到繁华大都市，从自生自灭的自由发展到政府的大力推广，从部分人群的修炼到今天世界性的参与，体现太极拳大众化发展的强劲势头。因此，在当前大众文化极度扩张和精英文化不断衰减的情况下，原本属于精英文化的太极拳要想获取更大的发展，就必须在西方体育文化的强势挤压、太极拳的生存空间受到极大挑战的境遇中，重新叩问"我是谁""我去哪"，找回自信，重新定位自己，以寻求大众化的蜕变。

二、支撑全民健身和体育强国战略的需要

"没有全民健康，就没有全面小康。"[1]自党的十八大以来，伴随着人们生活水平的提高和对美好生活的向往，国家对人民的身体健康倍加关注。把人民的身心健康放在优先发展的地位，普及健康的生活方式，优化人们的健康服务保障，大力促进健康产业的快速发展，一系列举措为健康中国的实现打下良好基础。太极拳作为民族传统体育项目的一个内容，在彰显中国传统

---

[1] 习近平.习近平谈治国理政（第二卷）[M].北京：外文出版社，2017：370.

文化精神的同时，也体现着健身、养生的功能。例如，国家推广的二十四式太极拳，在全国就产生了很大的影响，成为人们大众健身的一项重要内容。因此，在中国特色社会主义进入新时代的当下，太极拳应该发挥其健康促进的主体功能，为人们健康生活方式的养成贡献自身的力量。

首先，太极拳作为中华民族身体文化的代表，作为一种沉淀已久的民族文化形态。太极拳文化能够丰富人们的精神世界。太极拳的内外兼修、缓慢柔和、动静相随等运动理念，让人们在参与太极拳运动的同时，也体验太极拳文化所蕴含的哲学思想，以此作为人们修身养性的载体。其次，太极拳作为一种体育运动，满足着人们健身的健康需求。一身动则一身强；一家动则一家强；一国动则一国强；天下动则天下强。太极拳大众传播的广泛性，能让更多人参与到全民健身中来。太极拳运动特点，也满足了广大人民参与健身的需要。当太极拳的大众健身成为一种生活方式，能为大多数人提供身心健康服务时，太极拳才能为人民生活水平的提高、健康中国的实现保驾护航。最后，建设体育强国也是新时代中国特色社会主义的重要目标。太极拳有广大的受众基础，太极拳的大众传播满足了广大人民对健身的需求，同时也是体育强国建设的主要内容。

三、太极拳大众传播是社会发展的必然趋势

（一）太极拳大众传播是应对文化逆全球化挑战的一种必然选择

随着世界文化相互交融，欧美国家以地方保护的名义形成了逆文化全球化趋势。一方面，以欧美主导的工业文明和市场经济的兴起，使得欧美发达国家的文化正在以难以遏制的速度和方式复制传播，形成欧美文化为特征的所谓的"世界文化"侵蚀世界。这种所谓的"世界文化"以一种强势霸权，不断吞噬着其他各国的民族文化，同化并蚕食世界各民族文化的多样性，使得原本极具特色的世界民族文化特征遭到粉碎，并慢慢消失，这种现象已经危及其他发展中国家的文化安全。另一方面，欧美也正在构筑起一道阻挡中华优秀文化走出亚洲拥抱世界的"防火墙"，以抵制中华优秀文化的世界

化传播。因此，在这种背景下，如何面对逆全球化文化发展阻力所带来的挑战，保持各国、各民族的文化多样性，成为时代发展必须作出的抉择。有着三百多年历史的太极拳，蕴含着厚重的中国传统文化内涵，体现着中国人的生活方式和思维方式。因此，在逆全球化文化日益盛行的今天，太极拳所具有的中国传统文化特征，成为应对抵抗文化逆全球化，彰显民族文化的重要途径。太极拳大众化应该成为、也必须成为我国应对逆全球化文化社会发展毅然决然的选择。

（二）太极拳大众传播是现代传播方式催生的结果

传统的太极拳传承形式主要有两种。一种是师徒传承（含民间结社、开办武馆），口传心授。另一种是拳谱传承，依据拳谱拳经和绘图，模仿揣摩。此两种传播模式互为补充，相得益彰，从而确保了中华传统经典武学的实质性传承。如果没有新传播媒介的出现，或许，太极拳一直会保持这样传统的形式继续传承。但是，清代开始出现官办武学。民国时期，中央国术馆作为国家层面的推广机构，对太极拳的传播也起到了一定的推进作用，但是，传统的太极拳传承方式并未受到太大影响。然而，伴随着信息化时代的到来，以网络、移动通信、电影电视、广播、影视、报纸、杂志等为标志的新兴现代传播媒介的迅猛发展，以及借助其引发的传播方式的革命性变革，却迫使太极拳的传播必须走大众化发展之路。现代社会的信息化发展，已经对人们的生活方式、思维方式等方面产生了深刻的影响。信息化的到来使文化传播方式、传播介质、传播路径等诸多方法都发生着巨大变化。今天的人们足不出户就可以畅游天下，可以通过各种媒介了解、学习到不同领域的知识。因此，信息化时代的太极拳必须要改变传统的人际传播的模式，积极运用现代信息化手段，扩大太极拳的影响力。在传播主体方面，充分利用民间传承和政府传播多个主体；传播媒介方面，采用电影、电视、手机、网络、自媒体平台等；传播内容方面，应对传统太极拳的繁杂动作进行精简，甚至是选取太极拳的精华部分作为大众传播的内容。今天的太极拳只有充分利用现代传播手段，才能实现太极拳大众传播的目标。

（三）休闲时代的到来为太极拳大众传播发展提供了机遇

改革开放40余年来，我国在政治、经济、社会、文化、医疗、体育卫生诸方面取得了举世瞩目的成绩，劳动、社会、教育等服务保障体系逐渐健全，人民生活水平显著提高。我国很多地方的人均GDP、居民消费指数、恩格尔系数、第三产业占GDP比重、现代服务业占第三产业比重，以及休闲环境舒适度等休闲评价指标已经接近休闲社会的标准，可以说我国正在走进休闲时代。而休闲时代的来临，必然会使人们的生活方式、消费方式以及选择的健身运动项目产生变化。个人学养的修炼、道德品质的提升、身体素质的锻炼、娱乐活动的拓展等都会成为人们追逐的目标。温文尔雅的太极拳运动特质，恰如其分地满足与迎合了人们娱乐身心、维护健康、增进交流的休闲需求。太极拳健身、娱乐、修身养性成为人们最有趣和最有益的休闲方式，也已成为人们休闲活动的重要内容。可以说，休闲时代的人民大众需要太极拳，太极拳的大众化发展恰逢其时。

（四）太极拳大众传播适应了老龄化社会的发展趋势

随着社会的发展，中国社会人口结构正发生着巨大的变化，人口老龄化趋势日渐明显。据"2020年第七次全国人口普查主要数据显示，中国60岁及以上人口为2.64亿人，占总人口的18.70%。全国老龄办预测结果显示，未来我国人口老龄化程度还将持续快速加深，到2050年左右，60岁及以上老年人口将达到4.87亿的峰值，占我国总人口的35%左右，占亚洲老年人口的40%，占全球老年人口的四分之一，相当于发达国家高龄人口的总和"[1]。老龄化时代的到来，为太极拳大众传播发展提供了良好的机遇。中国是一个有14亿人口的大国，中国老龄化是人口庞大的老龄化。因此，太极拳作为一种适合老年人健身的运动方式，应该运用现代传播手段，扩大太极拳的传播受众，使太极拳为更多老年人的健康保驾护航。处于老龄化社会的

---

[1] 李志宏在2022年11月26日中国老年学和老年医学学会学术大会上的主旨演讲：《实施积极应对人口老龄化国家战略的思路转变和政策取向》。

"中国老年人口规模大、老龄化速度快、空巢老人数量迅速增加、未富先老等现象导致养老、医疗保障压力大"[1]。这也为太极拳发挥预防疾病的独特健身方式提供了契机。

---

[1] 李程骅，张钒.中国式现代化与老龄社会文明建构[J].江苏社会科学，2023（2）：1-10，241.

第五章
太极拳大众传播之灵魂：文化与哲理

在传统社会中，太极拳一直在有限的空间中，传承着中华优秀的传统文化。在信息化时代的今天，太极拳大众传播呈现形式多样，使太极拳的传播路径增多；太极拳大众传播内容丰富，提升了人们对太极拳文化的认知度；但太极拳大众传播也存在文化碎片现象，弱化了太极拳的文化内涵。由此，太极拳作为中华优秀传统文化，在推动其大众传播的过程中，要避免太极拳文化的庸俗化、粗鄙化现象，应坚守太极拳所蕴含的丰富文化内涵和深邃文化哲理的内在本质，实现太极拳文化的大众传播。唯其如此，太极拳大众传播才能彰显其中华优秀文化的标识性作用，才能承担其传承中华优秀文化的责任和使命。

第一节 太极拳大众传播的文化价值

在经济全球化日益加深、国际竞争更趋激烈的情况下，世界已经进入名副其实的"高度竞争"社会之中。今天的世界，是一个充满竞争的世界，是一个极度扩张、征服与张扬的世界，竞争已无孔不入地发生在我们身边，并在"还不够高——还要更高"的科技逻辑思维下无限发展。不可否认，竞争极大程度地促进社会进步和经济增长，然而，过度的竞争势必给人类的身体健康、心理压力及社会发展等各方面带来难以解决的问题。因此，人类亟须找寻一条可持续的、适合人类协调发展的和谐文化之路。

作为中国传统文化典型代表的太极拳，其本身就是和谐文化的典范，其

第五章　太极拳大众传播之灵魂：文化与哲理

"立身中正，支撑八面"的运动理念，折射出中国文化"增一分则太长，减一分则太短"的中庸思想；其"绵缓斯文、动静相随"的运动风格，给繁忙的人们提供了一种心理调节的休闲运动方式；以其"松静自然、以意行气，以气运身"的运动特点成为治疗现代"文明病"的灵丹妙药。太极拳所蕴含的丰富的价值正在成为竞争社会中所不可或缺的元素，满足着大众的需要。

一、太极拳：竞争社会中健康运动方式的最佳选择

随着社会竞争的不断扩大，人们所承受的压力也越来越大，激烈的社会竞争使人们不断地透支自身的健康，从而也影响了人们的生活。太极拳"松静自然，以意行气，以气运身"的运动特点给人们提供了一种绝好的运动方式，能够给当代人们带来身体的健康和生活的幸福。

（一）太极拳：社会竞争压力的调节器

社会的飞速发展，加快了人们的生活节奏，使人们长期处于一个不断竞争的环境之中，从而产生了巨大的竞争压力，由此给人们的生理、心理等方面带来了极大的危害。每年由于生活压力过大而产生心理疾病、性格扭曲甚至导致自杀的现象时有所闻。正如一则医学界的调查报告所说的："在今天的社会，赴医就诊的病人中，百分之六十并无特殊疾病，只不过是因为长期压力所导致其痛苦、不适与疲乏而已。"[1]因此，处于巨大社会竞争压力下的人类亟须找寻一种能够减压的生活方式，让人们紧张的身体松下来、静下来。正如国际知名的营养学专家浩塞尔在其所著的《延年益寿，永葆青春》一书"松弛的艺术"一章中说："除非你能松弛下来，所有全世界的维生素与矿物质都不能帮助你。"[2]因此，放松、平静的心情有利于人们心理的调节，达到很好的减压目的。而太极拳的运动理念恰恰符合人们的这些需求。

太极拳在运动中主张"松、静"为先，"松、静"也成为练习太极拳的首要条件。练拳首先做到身体放松，通过意识的引导，放松大脑的中枢神

---

[1] 张肇平，杜飞虎.论太极拳[M].北京：北京体育大学出版社，2002：272.
[2] 张肇平，杜飞虎.论太极拳[M].北京：北京体育大学出版社，2002：272.

经，让身体的头、肩、肘、腰以至于全身每一块肌肉、关节全部得到放松。松是一种自然的放松，是全身筋络的松开，唯有松才能入静、入柔，才能使神气鼓荡、气血贯通。注重放松的太极拳在运动过程中不知不觉放松了我们的身体，达到了减压的效果。

练拳时还要入静，要一心一意，不可胡思乱想，精力全部集中于行拳的过程之中，平心静气、心神两静，甚至要修习者处于忘我的境界。"心不静则不专"[1]，只有在安静的情况下，才能体悟到运动所带来的身体愉悦，才能使大脑皮层获得休息。"太极拳运动是低于生活节奏的和缓运动，在当代快节奏高频率的工作和生活环境中采用这种运动，有利于使绷紧的神经松弛下来，紧缩的肌肉舒松开来，使人体从心理到机体都获得一种放松和积极性休息"[2]。松静自然的运动特点使人们在习练的过程中身心得到彻底的放松，也使人们的心理压力得到释放、缓解，从而达到减压的目的。

（二）太极拳：医治现代文明病的灵丹妙药

随着社会的发展和人们物质生活的不断丰富，健康成为人们生活中的重要话题，健康的生活也成为人们追求幸福的标志。然而，当今的社会是一个充满竞争的社会，激烈的社会竞争使人们不断地透支自身的健康。据英国的一项研究预测表明："2025年65岁及以上人群慢性病共病率为64.4%，到2035年上升至67.8%"[3]；依据2018年《中国健康与养老追踪调查》数据，研究表明："我国≥45岁人群共病患病率为55.8%"[4]，其中，高血压、血脂异常、心脏疾病等慢性病所占比例较大。现代社会大量的"文明病"，成为影响人类生活质量的主要因素。

而太极拳松静自然、以意行气，以气运身的运动特点，能够调节人的身体，缓解压力带来的身体变化。练习太极拳时要求"缓慢柔和、运动如抽

---

[1] 王宗岳.太极拳谱[M].北京：人民体育出版社，1991：10.
[2] 康戈武.太极拳的文化内涵和太极运动观[J].邯郸学院学报，2008，18（3）：7-15.
[3] 耿叶，介万，张思佳，等.慢性病共病流行现状及防治的研究进展[J].中国慢性病预防与控制，2023，31（1）：71-75.
[4] 崔卷子，杨土保.我国中老年人群慢性病共病模式及影响因素探究[J].中国卫生统计，2023，40（2）：172-177.

第五章　太极拳大众传播之灵魂：文化与哲理

丝"。要想提高练拳的效果，每招每式都要做到恰到好处，只有慢练的功夫到了一定程度以后，才可以由慢而快，快而复慢，最终达到收发自然、刚柔相济的境界。而缓慢柔和的练习过程可以"促使血管弹性增加，血管神经稳定性增强，更能适应外界刺激。太极拳与其他剧烈运动不同，运动后会舒张压下降，长期坚持锻炼，有利于防止高血压和血管硬化。经常打太极拳的老人较一般老人不仅血压正常、心脏收缩有力，而且动脉硬化率较低"[1]"太极拳的动作作弧形、螺旋形的伸缩转折，始终用意识引导动作，使气血运行畅达，直达四肢末梢，经络得以疏通，病邪庶可祛除"[2]。太极拳训练能够提高Brunnstrom Ⅱ期脑卒中患者的上肢运动功能，有效改善患者肩关节前屈活动度与肩关节外展活动度[3]；"太极拳训练可以改善稳定性冠心病患者的运动能力和危险因素，在居家心脏康复中实施是安全的"[4]。大量研究结果证明：太极拳运动对各种慢性病都有显著疗效。太极拳运动成为医治现代文明病的灵丹妙药。

（三）太极拳独特的健身效果

随着武术文化的不断丰富及其文明化程度的不断提高，太极拳逐渐显示其独特的健身效果。同属于中国武术范畴的太极拳，尤其重视对"劲、气"的练习。太极拳要求"以心行气、以气运身""气沉丹田""以气催力"，从而在技击的过程中爆发出巨大的劲力。而"这种力由气化生，蓄于丹田，输于四肢百骸，不用则蓄用则可发，在拳式的每个点上都可爆发出来"[5]。《太极拳论》云："由着熟而渐悟懂劲，由懂劲而阶及神明。"《十三势歌》里也讲："腹内松静气腾然。"《太极拳解》里有"行气如九曲珠，无微不到；运

---

[1] 李德印，李春莲.二十四式太极拳教与学[M].北京：北京体育大学出版社，1997：25.
[2] 梅墨生.大道显隐：李经梧太极人生[M].北京：当代中国出版社，2007：10.
[3] 王武浩，张广鹏，谢海江，等.坐式太极拳对Brunnstrom Ⅱ期脑卒中患者上肢运动功能的影响研究[J].成都体育学院学报，2023，49（2）：82-87.
[4] 张巧莉，胡树罡，王磊.太极拳训练对稳定性冠心病患者居家心脏康复的疗效观察[J].中国运动医学杂志，2022，41（10）：767-772.
[5] 马国相.我的太极之路[M].北京：中国中医药出版社，2007：50.

劲如百炼钢，无坚不摧"[1]之说。因此，重视对内在"气"的追求，使太极拳在习练的过程中，"一般会产生腹鸣、指尖发麻、发胀、针刺等感觉，中医认为这是体内行气的现象，是畅通经络的反应"[2]。这正是太极拳独特的健身效果之一。

太极拳通过缓慢的运动，慢慢体悟身体的内气鼓荡，达到经络疏通，从而使身体疾病消逝于无形之中。而以西方为主的体育运动项目主要是通过不断的刺激身体肌肉，使其在超量恢复的状态下提高身体的速度、力量、耐力等，而在更高、更快、更强的理念追求下，身体必然会超出所承受的能力，运动损伤就不可避免。尤其在当代激烈的竞争社会中，在反思追求速度、力量、耐力，以及刺激、惊险流行运动所带来的弊端中，太极拳以其独特的健身效果，成为不同于其他运动的一枝独秀，吸引着大众的眼光。

二、太极拳：一种净化心灵的工具

在人类社会面临激烈竞争的今天，"人类的道德如同某种珍稀之物、某些濒临灭绝的物种那样让人感到它的不可寻觅，让人为之而产生精神的饥渴"[3]。温文尔雅的太极拳成为净化人心灵的工具，使人们在享受文化的过程中，身心也得到教化。

（一）太极拳：以儒雅的运动滋润心灵

太极拳是武术发展到一定阶段的必然产物，太极拳运动是将"兵家奇正之术，医家气血经络之说，养生家吐纳导引之功，技击家蓄发提放之巧，结合实践心得，创编了融技击、健身、修身、养生为一体的太极拳式"[4]。太极拳无处不体现着一种儒雅的风范，以主静的修习理念滋润心灵的变化，疏通着人们的心理压力。练习太极拳需要心神都处于安静的状态，如练习太极拳时，要先端正姿势，呼吸自然，摒弃一切杂念，待心平气和后再开始运

---

[1] 王宗岳.太极拳谱[M].北京：人民体育出版社，2006：44.
[2] 顾留馨.太极拳术[M].上海：上海教育出版社，2008：5.
[3] 鲁洁.道德危机：一个现代化的悖论[J].中国教育学刊，2001（4）：9-15.
[4] 吴文翰.吴文翰武术文存[M].太原：山西科学技术出版社，2006：29.

动。陈鑫《陈氏太极拳图说》云："上场时先洗心涤虑，去其妄念，平心静气，以待其动。"因此，静才能养得起真气，使动作轻灵柔和、舒畅自然，并在进退屈伸、顾盼开合的过程中做到节节贯通、周身一家，从而使观看者有行云流水的自然和风吹杨柳般优美的感觉。而美是一种文化，是"文化、人化重要的价值目标"。"从土著人的文身到今天的健身、美容是追求美；锻炼优美高雅的举止、风度、情操，提高自己的品位、情趣和修养，是追求美……"[1]。而太极拳通过心静气和与外在的优美动作，表达内心的情感之美，其修习过程也蕴含着对美的孜孜不倦的追求。太极拳也正是在对美的追求过程中，使人疲惫的心灵得到净化，从而塑造着人高尚的内在品格。

（二）太极拳：以高尚的道德洗涤心灵

随着工业文明和物质文化的不断发展，社会竞争日趋激烈，使人与人间的关系变得紧张，导致人的道德产生滑坡，人的心灵产生堕落。正如卢梭认为"人的心灵随着科学艺术的进步而日益堕落"[2]。现代社会需要一种高雅的运动方式教化人的道德、洗涤人的心灵，使人能回归自然，过淳朴的生活。太极拳蕴含着丰富的中国传统文化思想可以使人在回归自然的过程中，心灵也得到洗涤。"坚持练习太极拳者，不仅可以健身防身，更重要的是可以获得文化和品德的内在修养。太极功夫越高的人，品德就越高尚。"[3]太极拳在身法上要求"立身须中正安舒，支撑八面"，表现中正、大方、严正、和顺的形象。因为打拳心是主，以心为主，五官百骸无不听命，心正则身正，体现着做人的原则；在技法上要求"舍己从人，引进落空，四两拨千斤"，体现了一种做人的智慧；推手时要求"沾连粘随，不丢不定"，体现了做事的尺度。太极拳的技术理念无处不体现着对人的教化的功能。另外，太极拳尤其重视内劲的修炼，太极拳通过身体肌肉的放松、内心的高度平静，提高身体的敏感度。在此基础上，感知身体内在劲力的变化，感知对方的劲力变

---

[1] 孙美堂.文化价值论[M].昆明：云南人民出版社.2005：19.
[2] 卢梭.论人类不平等的起源和基础[M].北京：法律出版社，1958：125.
[3] 梅墨生.大道显隐：李经梧太极人生[M].北京：当代中国出版社，2007：236.

化，通过听劲、懂劲、引进落空，达到人不知我，我独知人的目的。太极拳练习内劲的修炼过程，体现出推己及人，换位思考的理念。由此可以看出，太极拳无论从套路的练习过程中，或是在技击技法的训练中，还是在内劲的修炼过程中，无处不体现着对人道德的教化过程，尤其在当代社会，太极拳更是人们心灵洗涤的工具。

三、太极拳休闲：竞争社会中不可或缺的生活元素

中国武术的发展历程本身就充满着浓厚的休闲理念，温文尔雅的太极拳运动更是中国武术文明化进程的结果，其休闲的理念不断滋润着太极拳的发展，并成为太极拳运动的主要表现形式之一，尤其在当代激烈的社会竞争压力下，注重休闲的太极拳就成为当今人类释放紧张压力的最佳选择。

（一）休闲：太极拳文明化发展的重要体现

"中国武术正是基于深厚的东方文化之上，使得原始的'武技'在这样的文化背景下，远离血腥，远离暴力，远离竞争，逐渐走向了一个追求教化，追求感化，崇尚道德，崇尚和谐的发展空间。中国的武技在退却了'搏斗'本元之后、在回避了'决斗'功能之后、在淡化了'技击'属性之后，形成了今天的中国武术"[1]。而"太极拳者，乃中国武学文化发展到一定阶段的必然产物"[2]，是在不断吸收道家的导引、吐纳，儒家的伦理道德和太极阴阳之理的基础上而创造的拳学体系。太极拳在其产生的初期，休闲就成为其最重要的功能之一。据《温县志》记载，太极拳的创始人陈王廷"明亡后隐居在家，晚年造拳自娱，教授弟子儿孙，成龙成虎任方便……"[3]"闲来时造拳，忙来时耕田"，是陈王廷在创拳初期休闲理念的真实写照。

太极拳在发展的过程中，作为武术技击的功能在不断弱化，而相对于其具有的健身、修身的功能有所增加。例如，陈式太极拳新架的产生，其"架

---

[1] 王岗.武技到中国武术的历史追述[J].体育科学，2008（10）：78-85.
[2] 梅墨生.大道显隐：李经梧太极人生[M].北京：当代中国出版社，2007：79.
[3] 顾留馨.太极拳术[M].上海：上海教育出版社，2008：385.

第五章　太极拳大众传播之灵魂：文化与哲理

式与老架一样宽大,逐渐扬弃了某些高难度的动作"[1]。而到"杨露禅在北京传习拳艺时,为了适应保健需要,又逐渐改变了拳套动作"[2],形成了动作柔和缓慢、架式舒展大方的杨式太极拳,体现了太极拳价值取向向休闲的方向发展。

另外,太极拳的运动风格也体现了休闲的理念。太极拳在运动的过程中,要求自然松舒,快慢相间,静心修炼,意气领先,正所谓"若言体用何为准,意气君来骨肉臣。详推用意终何在？益寿延年不老春"[3]。"练习太极拳,若能姿势正确,心静体松,长期坚持,自会有中正安舒,轻灵稳健,心旷神怡,欲罢不能之感"[4]。而"技击对太极拳来说是'末技'。太极拳在发展过程中,'技'逐渐被'艺'所取代,渐变为一种高品位的身心修炼法门。太极拳修炼者的境界已远远超出了疆场厮杀、擂台争霸之藩篱"[5],而逐渐演变成一种高雅、文明的艺术交流,是一种休闲的快乐、一种心灵的享受。太极拳正是通过优雅的运动,将激烈的技击、打斗内化成慢中有快、快中有慢的身体运动；将导引、吐纳与动作相结合,追求自然呼吸,动作与呼吸协调一致,体现了运动的休闲理念；太极推手将武术的技击格斗功能转化为温文尔雅的比赛,通过相互之间听劲、懂劲而到达神明的境界,从而战胜对手,也体现了休闲的理念。总之,今天的太极拳是将张扬的运动内敛化,将激烈的矛盾冲突文明化,其休闲的理念适应了竞争社会的需要。

（二）太极休闲：竞争社会的调和剂

随着社会的发展与物质生活的不断丰富,休闲逐渐成为人类生活中的重要部分。体育作为人们休息娱乐的一项重要活动,对人们身心调节都具有重要作用。据研究表明："2020年我国每年有4.35亿人参加休闲体育活动。"[6]太极拳作为人们参与度较高的一项民族传统体育项目,理应成为当今社会休

[1] 顾留馨.太极拳术[M].上海：上海教育出版社,2008：391.
[2] 顾留馨.太极拳术[M].上海：上海教育出版社,2008：392.
[3] 王宗岳.太极拳谱[M].北京：人民体育出版社,2006：35.
[4] 赵斌,赵幼斌,等.杨氏太极拳真传[M].北京：北京体育大学出版社,2007：182.
[5] 马国相.我的太极之路[M].北京：中国中医药出版社,2007：235.
[6] 张荣子,梁媛.美的启发：休闲体育价值的新视域[J].体育学刊,2023,30(3)：27-31.

闲运动方式的首选。因为，社会的飞速发展，加速了人类居住的城市化进程，大量人口聚集高楼林立的闹市，人们生活在一个远离自然的被现代化构造的"水泥监狱"之内，心理压抑、精神紧张、心情郁闷、烦躁不断地困扰着人们的生活，亲近自然、回归自然、融入自然成为越来越多人们追求的生活目标。太极拳不但能够缓解人们心理的压力，而且太极拳运动本身就强调和谐，注重天人合一。因为练习太极拳会选择空气新鲜，空间旷达，环境优雅的水边、林间小路、公园庭堂等地，而且在练习的过程中，通过呼吸新鲜的空气，缓慢优雅的肢体运动，从而体会自然，得和谐之道。"美国人也把太极拳作为宇航员肌肉和精神放松的最好调和剂。法国有个艺术团体，也把太极拳作为演员柔韧性锻炼的必修课。在我国，梅兰芳先生当年还向杨澄甫学过太极拳，以丰富其舞台艺术"[1]。太极拳休闲越来越成为当今社会重要的生活元素，成为竞争社会的调和剂。

四、太极文化：和谐人生的标尺

现代社会的竞争是在优胜劣汰生物法则的主宰下的竞争。人与人之间、人与社会之间，以及人与自然之间的关系变得前所未有的紧张，人们之间基本的信任关系在瓦解，从而导致人们之间信任缺失、人际关系冷漠。太极拳文化体现着人际关系的和谐，演绎着和谐的理念，指导着人们的行为处事。

（一）太极拳的和谐：人与自然的生存法则

由于残酷的生存竞争，人与自然的关系也演变成控制与被控制的关系，人定胜天就是这种统治模式的极端反映。于是，人类贪婪地攫取地球有限的资源，从而导致全球气候变暖、生态环境日益恶化等现象。人类社会亟须一种和谐文化指导人与自然的可持续发展。太极拳的理论体现着天人合一的哲学思想，调节着人与自然的和谐相处。"天地一大宇宙，人体一小宇宙"[2]。天道和人道，自然与人息息相通、和谐统一，太极拳通过自身的修炼、不断

---

[1] 赵斌，赵幼斌，等．杨氏太极拳真传[M]．北京：北京体育大学出版社，2007：182.
[2] 李德新．李德新中医基础理论讲稿[M]．北京：人民卫生出版社，2008：47.

的感悟去体会人与自然合二为一的关系，并由此内化了深刻的和谐文化思想。太极图不仅清楚说明阴阳互动、阴阳互根、阴不离阳、阳不离阴的关系，而且也阐释了阴阳相互转换的自然变化规律，这就告诫人类，不可一味地对自然贪婪地索取，否则必然走向事物的另一面，遭受自然的惩罚，体现了"天人合一"的思想；而王宗岳的《太极拳论》开篇"太极者，无极而生，动静之机，阴阳之母也，动之则分，静之则合"[1]。太极拳通过阴阳、动静、开合、虚实等变化原理，阐释着天人合一的理念，指导着人类与自然和谐相处。天人合一不仅是指人与自然之间的关系，更是将天道与人道统一、协调起来，尤其在面对激烈的社会竞争，科技的高度发达使人类的人文精神相对落后，"价值衰落""精神沙漠"体现了现代人的精神危机及价值缺失。太极拳以其独特的运动理念，高雅的运动风格，注重天人合一的运动思想，成为当今竞争社会中人调节身心的生活方式。

（二）太极拳的和谐理念调和着人与人之间的关系

随着现代社会生活节奏的加快，人们之间的交往空间不断缩小，尤其在城市发达的人群中，由于繁忙的工作压力、升学、就业、住房等面临着空前的激烈竞争，容易使人的生理和心理长期处于紧张状态，从而出现孤独、忧郁、精神空虚等症状，甚至可能造成心理的疾病。太极拳可以给人提供一个宽松、宁静、从容、和谐的休闲环境，使人们在练拳的过程中，加强了相互之间的思想交流，排除寂寞，减轻孤独，从而给人的健康带来巨大的作用，调节着人们之间的和谐关系；另外，练拳是一种生活方式，当一个人天天坚持练习太极拳，体悟太极拳并从中获得益处，把练习太极拳作为他生活中不可或缺的一部分时，太极拳自然而然地满足了他的心理需求，充实了他的业余生活，满足了他的文化需求。因为只有在不断感悟、体悟、欣赏的过程中，太极拳所具有的文化价值才能显现出来并产生作用，正如古老的文物一样，只有"当人欣赏一件古代文物，感受、想象该器物所处的年代、所有的功能

---

[1] 王宗岳. 太极拳谱[M]. 北京：人民体育出版社，2006：24.

等历史和人文内涵时，文化价值便从中产生了"[1]，太极拳以高雅的文化内涵，调节着人的心理，调和着人们之间的关系，成为人追求和谐生活的标尺。

在社会竞争日益强盛的今天，在西方强势文化主导下的价值理念极大地影响着人类的价值取向，并左右着人类的生活方式。世界在逐渐走向一个充满问题的时代。人类社会的可持续发展需要一种和谐文化的介入，来调整人与人之间、人与社会之间以及人自身的关系。具有中国传统文化思想精华的太极拳，所蕴含的丰富的哲学理念、厚重的文化底蕴及"天人合一"的和谐思想，不断地调整着人类向可持续发展的方向前进。太极拳绵缓斯文的运动风格，温文尔雅的运动形象，高尚的道德情操，注重身心合一的运动要求，正成为当今社会的一种文化符号。太极拳所蕴含的丰富的价值必将在现代竞争社会中彰显重要的意义。

因为，美好的生活是人类共同追求的目标，优秀的文化应该成为全世界人类共同的财富。

第二节　太极拳大众传播的文化哲理

随着中国经济的飞速发展，"中国模式""中国制造""中国元素"成为当前国际社会对中国经济评论最多的话题。中国和平崛起成为世界各国发展模式中一道亮丽的风景。中国需要融入世界，世界也需要了解和接纳中国。然而，当前的国际环境仍面临着严峻考验。不同国家在政治上缺乏互信，在经济上缺乏平衡，在文化上存在差异，并在零和思维、霸权主义思想影响下，中国正面临着前所未有的挑战。随着中国经济的快速发展，西方国家不断抹黑、丑化中国国家形象，使中国文化国际传播面临着"有理说不出、说了传不开""失语就要挨骂"的尴尬境遇。因此，如何"讲好中国故事、传播好中国声音，展现可信、可爱、可敬的中国形象"[2]，重塑中国国家

---

[1] 孙美堂.文化价值论[M].昆明：云南人民出版社，2005：90.
[2] 党的二十大报告学习辅导百问编写组.党的二十大报告学习辅导百问[M].北京：党建读物出版社，学习出版社，2022：34.

第五章 太极拳大众传播之灵魂：文化与哲理

形象，让世界充分了解中国，成为当前中国文化软实力发展的重要内容。在诸多中国文化载体中，据2019年中国国家形象全球调查分析报告显示"海外受访者认为最能代表中国文化的仍是中餐（53%）、中医药（47%）和武术（43%），36岁以上受访者对此格外认同"[1]。

太极拳作为中国武术的一个重要拳种，是中国传统文化的重要载体，积淀了厚重的中国传统文化思想，体现着中国人的生活方式、思维方式和处事原则，是一种和谐文化的典范。太极拳无疑成为中国文化在世界范围内认可度最高的标识性文化之一。因此，以太极拳技术为载体，以打造具有国际地位的太极拳文化品牌为途径，以重塑中国国家形象为战略目标，向世界充分展示具有标识性的中国文化元素符号，成为当前中国"文化走出去"战略的重要内容。

一、太极拳：表述中华太极文化的标识性符号

符号是指具有某种代表意义的标识。标识最突出的特点是易于识别，显示事物自身特征，标示事物间不同的意义、区别与归属。太极拳作为中国传统文化的重要载体，其所蕴含的中华太极文化，具有典型的标识中国文化身份的属性，是区别于世界其他各国文化的重要特征，是典型的中国标识性文化符号。

（一）太极拳是中华太极文化的重要载体

太极文化在中华文化史上有重要的地位和作用，中国传统文化的方方面面都产生了诸多影响。以太极图为标识的太极文化所蕴含深邃的太极哲理、思维方式、文化观念等，为太极拳拳理提供了理论依据，是太极拳文化的核心内容。而太极拳也成为表述中华太极文化的重要载体。

第一，太极拳始终把太极文化作为其阐述拳理、拳论的重要依据。王宗岳的《太极拳论》开篇即言："太极者，无极而生，动静之机，阴阳之母也。

---

[1] 于运全，王丹，等.中国国家形象全球调查分析报告（2019）[J].人民论坛·学术前沿，2020，204（20）：90-95.

动之则分,静之则合。"[1]而《太极图说》开篇也是:"自无极而为大极。太极动而生阳,动极而静;静而生阴,静极复动。一动一静,互为其根。分阴分阳,两仪立焉。"[2]两者之间的论述基本吻合。而陈鑫的《陈氏太极拳图说》,则用大量的篇幅,阐述无极图、太极图、河图、洛书等太极理论,用于阐述太极拳的拳理。并且,在"自序"中写道:"始祖讳卜耕读之余,而以阴阳开合、运转周身者,教子孙以消化饮食之法,理根太极,故名曰太极拳。"[3]毋庸置疑,太极文化为太极拳的诞生提供了理论源泉,也是太极拳拳理的核心内容。

第二,太极拳在运动理念上,也始终以太极文化所蕴含的太极哲理为导向,成为太极拳运动规律的总纲。如太极拳对"劲"的阐述:"阳不离阴,阴不离阳,阴阳相济,方为懂劲。"[4]而所谓太极拳中的阴阳,即是在行拳过程中所体现的刚柔、快慢、动静、虚实、开合、进退等运动规律。这些规律始终遵循着太极文化中阴阳同存一体、相互转换却又相互制约的辩证关系。太极哲理成为太极拳拳理的主要指导思想,而太极拳也在用独特的身体运动方式表述着博大精深的太极文化。

第三,从太极拳的技击思想上,也体现鲜明的太极文化的典型特征。太极拳独特的技击思想是"舍己从人,引进落空,四两拨千斤"[5],体现太极文化中阴阳相互一体、相互转换的思想。在技击格斗中,"任他巨力来打我",而我所采用的是"沾连粘随不丢顶",在运动中逐渐实现阴阳相互转化,使对方力量由强大转向弱小,最终实现"四两拨千斤"的效果而战胜对手;太极拳技击中对进攻与防守的理解,也一直强调"彼不动,己不动;彼微动,己先动",体现太极文化中"致虚极,守静笃"的思想。

总而言之,作为中国武术重要拳种的太极拳,无论从产生的文化土壤,还是其运动理念及技击思想,都明显体现太极文化的哲理思想。而太极文化

---

[1] 王宗岳, 等. 太极拳谱[M]. 北京: 人民体育出版社, 2006: 24.
[2] 李申. 话说太极图——《易图明辨》补[M]. 北京: 知识出版社出版, 1992: 6.
[3] 陈鑫. 陈氏太极拳图说[M]. 太原: 山西科学技术出版社, 2006: 1.
[4] 王宗岳, 等. 太极拳谱[M]. 北京: 人民体育出版社, 2006: 25.
[5] 徐震. 太极拳谱理董辨伪合编[M]. 太原: 山西科学技术出版社, 2006: 15.

第五章　太极拳大众传播之灵魂：文化与哲理

所体现的哲理思想、辩证思维方式等理念，也成为太极拳文化最为突出的表述方式。

（二）太极拳是一种以身体语言来阐释太极图的文化符号

太极图是以图形语言的形式记录和表述了中华民族对自然界的认识和思考，是中国文化之根，也是中国太极哲学的源头，对中国文化的发展起到了重要的作用。产生于中华文化土壤中的太极拳，在其运动形式上，具有明显的太极文化的符号特征。

练习太极拳，在起势上要求"学者上场打拳，端然恭立，合目息气，两手下垂，身桩端正，两足并齐，心中一物无所著，一念无所思，穆穆皇皇，浑然如大混沌无极景象。故形无可名，名之曰'无极象形'也"[1]，蕴含了太极的产生则是由"虚无"到"无极"的空空无一物的圆圈符号；而太极拳第一势就有"动之则分，静之则合""一动无有不动"的要求，体现了太极从"无极"到"太极"，再由"太极"到"两仪"阴阳转变过程，阐明了太极图的含义。

行拳过程中，太极拳拳架在表现形式上，也处处体现太极图"圆"的思想。太极的虚无、无极状态都是以圆为特征的太极图符号来表示的。太极拳运动，便是依据太极图周而复始的规律，处处体现着"圆"的理念。"太极拳每一个架式的开合虚实、起落旋转，都是由一个圆圈构成"[2]；太极拳的身法要求"立身中正，不偏不倚"；步法上要求"进退转换，虚实分明"；太极拳的缠丝劲，也以圆、旋为主。可以说太极拳运动不论身法、步法还是手法，都必须走弧线，走螺旋，没有直来直去的动作。太极拳周身无处不是圆、无处不是圈，无处不存在着阴阳，体现明显的太极图的符号特征。太极拳是用独特的身体运动语言方式，在阐述和表达着人们对太极图符号的认识和理解。

---

[1] 陈鑫.陈氏太极拳图说［M］.太原：山西科学技术出版社，2006：1.
[2] 张肇平.论太极拳［M］.北京：北京体育大学出版社，2009：43.

二、太极拳：传播中国和谐思想的文化音符

（一）太极拳是中国和谐文化典型代表

"文化之间的最重要区别在于价值观念，不同的价值观念赋予文化以不同的特质"[1]。产生于农耕文明中的中国传统文化，形成了独特的"天人合一"价值观念。而这种价值观念所体现的"和文化"思想，就成为区别于西方文化的重要标识之一。作为中国传统文化重要载体的太极拳，"和文化"思想就成为太极拳文化的核心思想。

太极拳无处不体现着"和文化"的思想。首先，太极拳文化体现着天人合一的思想，强调人与自然的和谐，认为天道和人道，自然与人息息相通、和谐统一。"天地阴阳之理，不过消息盈虚而已。故孔子尚消息盈虚。打太极拳，亦是消息盈虚"[2]，体现了天人合一的思想。其次，太极拳在练拳的过程中，始终强调要放松、静心，要自然呼吸，只有松下来、静下来，才能做到拳法自然，才能使人体机能达到最佳的状态；太极拳在技术上也要求"内三合、外三合"，要做到"形开气合，形合气开"。太极拳练习者"通过自身的修炼、不断的感悟去体会人与自然合二为一的关系，并由此内化成了深刻的和谐文化思想，体现着人类的生存法则"[3]。太极拳也成为中国和谐思想的重要载体。

（二）太极拳是传播"和谐"思想的文化音符

产生于中国传统文化土壤中的太极拳，其和谐理念不仅指导着太极拳的运动规律，也成为中国传递给世界"和谐"思想的标识性文化符号。作为体育运动的太极拳，其绵缓斯文、缓慢柔和的运动风格，以静养为主、动静结合、内外兼修的健身理念，体现着人类追求自身和谐的价值目标。这与追求

---

[1] 兰久富.全球化过程中的价值多样化[M].北京：北京师范大学出版社，2010：61.
[2] 陈鑫.陈氏太极拳图说[M].太原：山西科学技术出版社，2006：34.
[3] 王柏利.竞争社会中太极拳的时代价值研究[J].南京体育学院学报，2011，25（2）：42-45.

"更快、更高、更强"，不断超越自己，挖掘身体极限的西方体育运动有着极大的区别。尤其是西方体育在发展的过程中，人类在不断采用先进科学技术，提高运动成绩的同时，所出现的违背人类自身健康发展的各种体育暴力事件、兴奋剂等体育道德问题。而太极拳所倡导的以和谐为主的健康理念，具有明显标识中国"和谐"文化符号的重要作用，也是中国和谐思想对世界体育文化可持续发展的不可或缺的有益贡献。

作为格斗技术的太极拳，在其"和谐"思想的主导下，"技逐渐被艺所取代，渐变为一种高品位的身心修炼法门。太极拳修炼者的境界已远远超出了疆场厮杀、擂台争霸之藩篱，而逐渐演变成一种高雅、文明的艺术交流"[1]。太极拳推手则把具有野蛮搏杀功能的格斗术内化为一场文明的技艺交流，将一场激烈的胜负之争，转化为通过相互之间听劲、懂劲而分出胜负的文明之争，始终体现着尊重对手、以敬为主、礼让为先的谦谦君子形象，同时也向世界传播了中国文化所体现了人与人之间和谐发展的思想。而作为文化符号的太极拳，其虚实分明、动静相随，刚柔相济的辩证关系，成为中国和谐文化的完美诠释。

总而言之，太极拳无论从体育运动的视角，或是从搏杀、格斗技术的理念，还是从所蕴含的文化思想内涵等各方面，都体现着明显的和谐文化思想。太极拳无疑成为当今世界文化交流中最为和谐的文化音符。

三、太极拳：中华民族独特思维方式的重要凝结

思维方式是指"人们从事思维活动的总样式、总模式，是思维内容与思维形式的统一"[2]。"思维方式是文化体系的实质，是一个文化体系深层结构的'内核'，是该种文化体系众多存在或表现形式中的'本'或'纽带'。思维方式内在地规定着一个文化体系的发展方向和发展程度，成为衡量一个文化体系文明状况的标志"[3]。中西方文化的差异性，产生了不同的思维方式。

---

[1] 王柏利. 竞争社会中太极拳的时代价值研究 [J]. 南京体育学院学报，2011，25（2）：42-45.
[2] 张周志. 全球化视域的中西哲学思维方式会通 [M]. 西安：陕西人民出版社，2008：13.
[3] 马菁汝. 思维方式的文化思考 [J]. 山东师范大学学报（人文社会科学版），2004（3）：129-131.

（一）太极拳的技术要领始终体现着整体思维方式

"不同的文化体系蕴含着不同的思维方式，不同的思维式往往构成为一个民族或一个社会群体内在的思维框架稳定的思维传统，从而成为一个民族或一个社会群体'精神遗传'最根本的内容，并制约着人们的认识、思考，以及整个思维活动"[1]。中国传统文化孕育了独特的整体思维方式，表现在"注重事物相互关系及其相对稳定性的发展过程，其特点是系统的、整体的、动态的"[2]。太极拳练习者把整个人体看作是一个系统、一个整体，要求"一动无有不动，一静无有不静"；虚实开合则体现"左重则左虚，右重则右杳"；外形上要求"形开气合，形合气开"；技术动作则"绵绵不断，一气呵成"；肌肉用力则体现"起于跟，发于腿，主宰于腰，形于手指"，要求节节贯穿，集全身的劲在极短的瞬间骤然爆发，体现着复杂的人体用力系统。而太极拳关于动静、虚实、开合、刚柔等技术动作的阐释，则体现明显的动态过程。"动中有静、静中有动"，虚中有实、实中有虚，劲力分配始终是动态的，让全身劲力一直保持随时可以变换的高度机动灵活的运动状态。太极拳蕴含的"精、气、神"则体现出天人合一的整体思维方式，认为"天地一大宇宙，人体一小宇宙"，人是自然的一部分，人与自然应保持一种和谐的状态。换言之，太极拳无论从技术要求、运动理念及表现形式等，都始终体现着整体的思维方式，成为太极拳文化的重要凝结。

（二）太极拳的练习过程始终蕴含着直觉思维方式

直觉在中国古代又被称为"体悟""体会""体认"等。直觉思维方式是指认识主体直接凭借自己的感觉来认识事物，以自己的情感去体验外物。在中国传统文化的影响下，中国人逐渐形成了一种偏重于直觉的、形象的、体验的、综合的直觉性思维模式。深受中国传统文化影响的太极拳，其练习过程始终蕴含着直觉思维方式。

---

[1] 马菁汝.思维方式的文化思考[J].山东师范大学学报（人文社会科学版），2004（3）：129-131.
[2] 常秉义.周易与历法[M].北京：中央编译出版社，2009：88.

第五章 太极拳大众传播之灵魂：文化与哲理

作为一种身体运动的太极拳，一直遵循着"身体力行"的操作型文化特点。太极拳的实践非常重视身体的体悟、感悟过程。太极桩功的练习就是让全身肌肉放松、入静，让练习者在松、静自然的状态下体悟身体内在气息的变化，从而感悟人与自然之间的关系；太极拳的行拳过程，也要求"动中有静、静中有动、动静结合"，而"动"则是身体外形的动，内心始终保持一种清静的状态，也就是老子所说的"致虚极，守静笃"。"太极拳通过肢体的'动'寓意心志层面的'静'这一过程，体现着对生命的感知和体悟"[1]；太极拳推手就是通过两人相互搭手，练习全身皮肤感觉和内体感觉的灵敏度，探知对方劲力的变化，从而达到"纵放屈伸人莫知，诸靠缠绕我皆依"境界。

作为一种身体文化的太极拳，通过身体的实践与内心体验的结合，产生了太极拳"重意不重形""重势不重招"的特点，也形成了太极拳内外兼修的特点。而太极拳无论是"单式操练、拳架演练和推手对抗，在习练参与者获得外显的身体上的体认同时，获得人生价值观的感悟才是太极拳文化的最高追求。并且，这种感悟和追求，是直指'人'的生命态度和生命价值的"[2]。"可以看到，太极拳作为一种的传统技艺，以其直接的身体性，将中国古人强调实践、体验、亲知的思想特点融贯在其习练中，从而达到心身协调乃至心身合一，达到对于自我和生活方式的塑造"[3]。从这个角度讲，直觉性思维方式与太极拳成为真正意义上的生活艺术、身体艺术有着密切的关系。

（三）太极拳的价值追求始终遵循着内向性思维方式

内向性思维方式是指"以人类自身为对象探求内心的思维方法"[4]。中国传统文化在思考人与自然之间关系的过程中，逐渐确立了人的主体地位，

---

[1] 王岗.太极拳：体认道德伦理的文化教场[J].南京体育学院学报（社会科学版），2011，25（1）：22-26.
[2] 李蓉蓉，王岗.太极拳：从"推己及人"到"内圣外王"[J].成都体育学院学报，2011，37（11）：45-48.
[3] 李江."身体美学"视野中的太极拳艺术[J].体育与科学，2011，32（1）：34-36，30.
[4] 卢兵.中华民族传统体育文化导论[M].北京：民族出版社，2005：132.

产生了以人为中心的内向性思维方式。这种思维方式的指向不是客观世界，而是人的主体自身。因此，儒家文化强调修身养性，把道德看作衡量一个人的最高价值。而道家文化则崇尚"自然无为、返璞归真的归真论，在'求虚静'的自我修炼过程中，追求形上超越、终极关怀、精神自由和自我完满"[1]，最终实现"道"的复归。作为中国传统文化重要载体的太极拳，明显体现着这种内向性思维方式，并指引着太极拳的最高价值追求。

受儒家文化的影响，太极拳成为"体认道德伦理的文化教场"[2]。太极拳在身法上要求"立身中正、不偏不倚"，体现着做人的原则。"因为打拳心是主，以心为主，五官百骸无不听命。所以心正则身正"[3]，所以太极拳通过对内心的修炼，达到提升个人道德品质的目的；太极拳技法上要求"舍己从人""我顺人背"，体现了一种虚心、谦让的君子形象；而太极拳推手中的"听劲、懂劲、化劲""其核心是教会人尊重对手，全身心地观察对手，做到无我的境界，从而培养人高尚的道德和仁爱的思想"[4]。太极拳的价值追求无处不体现着儒家文化所强调的修身养性，提升个人道德的教化功能。

受道家文化的影响，太极拳成为一种"道进乎技和以技达道的艺术，学拳即为求道，练拳即为体道"[5]。道的基本特征是自然无为、虚静、守弱、不争等。而太极拳也崇尚拳法自然，重意不重形，处处要求全身放松，在松的状态下达到一种自然而然的境界；太极拳练习者也必须要心静，做到心神专一，心中不滞一物。只有心静才能达到老子所说的"清静，为天下正"；太极拳守弱、贵柔体现了老子的"反者道之动，弱者道之用"的思想；而"舍己从人，引进落空"的特点，则体现明显的老子"无为""不争"的思想。

总之，正是在中国传统内向性思维方式的引导下，太极拳才超越了作为

---

[1] 阮纪正.拳以合道：太极拳的道家文化研究[M].上海：上海人民出版社，2009：18.
[2] 王岗.太极拳：体认道德伦理的文化教场[J].南京体育学院学报（社会科学版），2011，25（1）：22-26.
[3] 王柏利.竞争社会中太极拳的时代价值研究[J].南京体育学院学报（社会科学版），2011，25（2）：42-45.
[4] 王岗，王柏利.中国武术：一种民族化的生活方式[J].体育文化导刊，2007（9）：17-21.
[5] 阮纪正.拳以合道：太极拳的道家文化研究[M].上海：上海人民出版社，2009：8.

第五章　太极拳大众传播之灵魂：文化与哲理

身体运动的体育功能，成为一种追求"道"的途径和提升个人道德品质的文化教场。而这个身体感悟的过程，同样也彰显中国独特的内向性思维方式。

四、太极拳作为标识性文化符号的世界意义

（一）太极拳作为身体语言符号的传播优势

语言是人类思想相互交流最重要的工具，也是人们进行相互沟通和表达的重要载体。身体作为一种媒介传播的非词语符号，是最容易被觉察的身体语言。而太极拳作为一种身体语言符号，其缓慢柔和的运动方式，注重和谐的运动理念，在传播中国传统文化方面具有不可替代的优势。

从外在的表现形式上看，作为一种身体语言符号的太极拳，其所凸显的文化符号，具有很强的标识作用。太极拳立身中正、虚实分明的运动要求，具有典型的中国和谐文化特征。太极拳动静相随、快慢相间的运动形式，体现着中国人温文尔雅的文化形象。太极拳以意导气、注重内外兼修的运动理念，体现着独特的中国传统健身、养生思想。太极拳所具有的文化内涵，与西方体育所倡导的"更快、更高、更强"的体育运动，有着明显的差异性。尤其在文化个性日益凸显的今天，太极拳所体现的不同于西方体育文化理念的典型特征，为太极拳文化的世界性传播提供了潜在的市场。

另外，作为身体语言符号的太极拳，在世界跨文化交流过程中，具有很强的传播优势。尤其"在没有共同的语言背景的沟通中，身体语言就可以发挥其跨文化沟通的特性。许多身体语言信号都具有跨文化的功能，它们在不同文化背景中的基本意义是同等或高度接近的。借助这些身体语言符号，人们仍然可以实现相当有效,有时甚至是惊人准确的沟通"[1]。太极拳以身体运动作为文化传播形式，避免了由于语言不通而带来的文化交流障碍。太极拳所体现的太极文化思想，具有明显的标识中国传统文化的作用，也是区别于西方文化的重要标识。

总而言之，作为身体文化符号的太极拳，在跨文化传播过程中具有先天

---

[1] 肖旭.社会心理学[M].成都：电子科技大学出版社，2008：262.

的优势。而太极拳区别于西方体育的独特运动风格，所蕴含的典型中国传统文化符号，以及所表达的独特中国和谐文化思想，也为世界文化的可持续发展增添了新的内容。太极拳文化必然成为世界文化不可或缺的重要组成部分。

（二）太极拳对重塑中国国家形象的战略意义

"国家形象等价于产品的品牌……国家形象代表的是一个国家的软实力，它的目的就是通过自身的形象积累来赢得对方的信任和尊重"[1]。尤其在21世纪的今天，中国的和平崛起和经济大国地位的确立，使重塑中国文化形象成为当前文化发展不可推卸的责任。

太极拳作为中国标识性文化符号，向世界传递了一个追求和睦相处、和谐发展的大国形象。和谐文化思想不仅是中国文化的精髓，塑造着中国人的思维方式和处事原则，同时也是人类社会可持续发展所不可或缺的重要元素。尤其在人类遭遇到的各种生存危机，国与国之间、人与人之间和睦共处、和谐发展的思想就显得弥足珍贵。而太极拳所蕴含的人与自然之间天人合一的思想，人与人之间和睦相处的关系，以及人追求自身内外和谐的运动要求，无处不体现着追求和谐的理念，恰恰也向世界传递了一个追求和谐的大国形象。

太极拳向世界展示了一个谦虚、包容、自信的大国形象。而太极拳舍己从人、引进落空的技击理念，体现了一种谦虚、包容、不为人先的文化心态。太极拳推手中听劲、懂劲、沾连粘随、立身中正等技术要求，体现了一种雍容大度的文化自信。太极拳的整个练习过程，其实就是通过身体的感悟，塑造人的谦虚、包容的高贵品质。而在传播太极拳的过程中，也是向世界讲述中国文化所蕴含的谦虚、包容与自信等文化形象。

"一个民族一旦失去自己民族的文化传统，尤其是标识性文化特质、体现文化灵魂的哲学思维传统，历史证明是很难自立于世界民族之林，终究

---

[1] 刘涛. 文化表情 国家公关时代的形象"出口"[N]. 中国教育报，2011-3-16（3）.

是要淘汰出局的"[1]。中华民族的伟大复兴也同样离不开具有标识性的民族传统文化的强力支撑。太极拳作为中国传统文化的重要标识，蕴含着厚重的中国传统文化精髓，体现着中国人的生活方式、思维方式和处事原则，具有很强的标识中国文化身份和树立大国国家形象的作用。尤其在世界文化相互交流的今天，中国"文化走出去"必须要学会"中国元素、国际表达"。作为中国标识性文化符号的太极拳，其独特的身体运动特征，深厚的哲理思想，向世界表述着中国文化追求和谐的理念，也成为塑造中国大国"国家形象"的重要载体。

---

[1] 高清海.中国传统哲学属于全人类的精神财富[J].吉林大学社会科学学报，2002（5）：5-11.

第六章
太极拳大众传播之成效：现状与问题

在当代社会中，太极拳大众传播取得了显著成效。参与太极拳习练的人群不断增多；太极拳也走进了我国的大、中、小学教育系统，成为校园体育文化的组成部分；太极拳国际传播也取得了显著成效，其蕴含的文化也得到了世界其他国家的认可，成为人们健身娱乐的一种方式手段。太极拳正逐渐成为当今社会中的一种主流文化。但在太极拳大众传播的过程中，同样存在着诸多问题。习练太极拳的人群多为老年人，具有活力的青少年参与度较低；尽管太极拳走进了校园，但太极拳文化仍然没有助推现代教育的发展；太极拳国际传播的认知度较高，但大众对太极拳的认同度较低。这些问题都成为影响太极拳高质量发展的阻力和因素。因此，今天太极拳大众传播应该正视其存在的问题短板，找到有效的应对措施，进而实现太极拳大众传播的高质量发展。

第一节　太极拳大众传播的现状

在世界飞速发展的今天，当西方文化以不可阻挡的气势横跨全球的时候，文化全球化已经成为一种事实摆在我们面前。在我们尽情地享受全球化所带来奢侈的物质条件、带给我们短暂快感的同时，也在忍受着由全球化而产生的"文明病"现象。高血压、心脏病、肥胖症、糖尿病等一系列病症让人们忐忑不安。追其原因，主要是由于快速的生活节奏，使人们生活压力增大，由此而产生的紧张、疲劳、暴躁、恐惧等因素所导致而成。因此，人们

第六章　太极拳大众传播之成效：现状与问题

都在追寻一种适合人类生存的理想文化，追求一种合适的运动以解决当前全球化带给人类的危机，从而构建一个能让人们共同生活的和谐社会。太极拳作为中国传统文化的典型代表，是医治文明病的"灵丹妙药"。"太极拳以静心养性为主，动中求静的运动方式，以绵缓斯文的运动风格，以舍己从人、随曲就伸、沾连粘随的运动理念，以引进落空，立身需中正不偏，方能支撑八面的技击思想，不断地培养着人的宽容、谦和的为人处世的人生态度，塑造着中国人特有的中庸思想"，体现着中国人追求和谐的指导思想和健康的运动理念，满足着当今人们的运动需求，吸引着全世界人们的目光。

一、河南省教育系统的太极拳发展现状

学校教育作为文化传承的重要阵地，对中华优秀传统文化的继承和弘扬具有重要作用。太极拳作为中华民族优秀文化遗产，已成为河南乃至中国的一张"文化名片"。太极拳在学校教育的发展，成为河南省政府、焦作市政府义不容辞的责任。

河南省高等教育院校依托太极拳发源地的地域优势，把太极拳作为特色课程，融进了大学体育教学中。如2010年河南理工大学成立太极拳学院，一直把太极拳传承作为学校体育工作的重点工作，并在全校全面普及陈式太极拳，每年将近2万人参与太极拳锻炼，形成了人人会打太极拳的良好氛围。焦作大学、焦作师范高等专科学校也全面推广太极拳，把陈式太极拳作为一门特色课程进行建设。河南工程学院则把和式太极拳作为一个特色拳种进行全面普及推广。据对河南省12所高校进行问卷调查得出的结果显示，河南省内一本和二本院校太极拳普及率较高[1]，职业院校中只有部分普及了太极拳教学，一般在大一或大二阶段开展[2]，河南省民办高校都将太极拳列为学生的必修课，推动了河南省民办高校太极拳的发展[3]。但河南省高校太极拳发展也存在着一些问题。如太极拳课程设置不合理、师资不足、教材使

---

[1] 高一立.河南省普通高校太极拳教学开展现状的调查与对策研究[D].成都：成都体育学院，2013.
[2] 周艳杰，燕秋.太极拳在职业院校开展状况及其效用研究[J].河南农业，2016（3）：53-54.
[3] 张磊.河南省民办高校太极拳开展的特征与问题分析[J].体育世界（学术版），2017（7）：48-49.

用不统一且过于笼统简单以及学生缺乏兴趣等问题[1]。原龙虎在《河南省高校太极拳课程标准化建设研究》一文中表示大部分教师轻视理论传授，学校有统一教学内容与安排，但在执行中有偏差；教师教授太极拳动作内容，同班学生差别不大，不同班差别较大，学生对太极拳的认知普遍不足[2]。另外，高校太极拳推广存在着学生展示、相互交流太极拳技能的机会少，校园太极文化氛围一般，不能起到促进学生主动学习的效果[3]。同时高校太极拳文化教学存在急于求成的问题，西方的教育模式和民族传统体育传承之间存在不和谐，导致太极拳习练目标与课堂学习评价出现矛盾，太极拳的精神内核及哲学原理体现不足，80%的教师只会技术而没有相关理论[4]。因此，如何深化高校太极拳课程改革，使太极拳推广落到实处，则是高校太极拳传承发展必须思考的问题。另外，为了进一步继承优秀的太极拳文化，"太极故里温县，还把太极拳运动列进《温县经济发展纲要》，制定了以太极拳为龙头，全面发展体育事业，促进全县经济发展的太极战略，并下发了《在全县推广普及陈式太极拳活动的通知》，陈式太极拳被列为温县中小学体育课的必修课，温县学生从小学三年级起就开始练习太极拳"。这就从学校教育的高度进一步的传播太极拳，弘扬中国传统文化，进一步地促进了太极拳的发展。

二、河南省民间的太极拳发展现状

河南是武术大省，自古以来民间习武风气浓厚。发源于河南焦作的太极拳一直在民间有着广泛的群众基础。对河南省民间太极拳发展的研究，主要集中在对城市社区和个别发展较好的地市。当前河南省城市地区太极拳活动区域，主要分布在城市各处的太极拳辅导站点、街道办事处或社区等地方，其组织形式以自发组织为主。武术协会组织虽有一定的市场，但是各协会成员数量及习练人数不一。习练内容则是以太极拳、太极剑、木兰拳、木兰扇

---

[1] 张丽丽.河南省高校陈氏太极拳开展现状思考[J].体育世界（学术版），2015（10）：58–59.
[2] 原龙虎.河南省高校太极拳课程标准化建设研究[J].焦作大学学报，2017，31（3）：53–56.
[3] 张磊.河南省民办高校太极拳开展的特征与问题分析[J].体育世界（学术版），2017（7）：48–49.
[4] 胡建平，郭燕，冯永刚.河南高校太极拳非物质文化遗产保护研究[J].中国学校体育（高等教育），2017，4（4）：70–74.

等为主。说明太极拳项目深受城市社区居民的喜爱，太极拳也成为城市社区居民的首选健身运动项目[1]。焦作作为太极拳的发源地，有着坚实的群众基础，太极拳普及率比较高。近年来，焦作市政府提出了"世界太极城 中原养生地"的太极拳发展理念，推动了太极拳的快速发展。受焦作太极拳文化氛围的影响，大多数习练者对陈式太极拳的认同度较高[2]。而作为太极拳故乡的陈家沟，习练太极拳风气相当浓厚。温县政府则把陈家沟太极拳发展作为工作的重点。在温县政府的推动下，陈家沟旅游景区的改造已经全面展开。基本完成了从一个原始村落到文化旅游村落的转变。

而其他地区的民间太极拳开展相对较弱。如洛阳市太极拳活动虽然开展很广泛，但群众的太极拳健身活动呈现松散型、无组织的局面[3]。尹玲通过对周口市的调查得出，周口市太极拳锻炼群体大都是自发组织，锻炼地点选择范围比较广，整体水平不高，缺少正确的技术指导，且以中年人为主，年龄偏大[4]。衡素云在对开封市所做的调查中发现开封市群众有较强体育锻炼意识，人们学习途径呈现多元化趋势，习拳人员中女性比男性多，受教育程度不高，习拳者习拳年限较长，传承传播方式保守，拜师现象还普遍存在[5]。这些研究表明，尽管民间太极拳推广有了长足发展，但松散的民间太极拳组织缺乏统一管理，传播内容良莠不齐，不利于太极拳的世界传播。因此，民间太极拳的传播应该在政府指导下建立太极拳产业市场的准入机制，对民间太极拳组织进行资格审查，避免太极拳传播的误区。

三、河南省太极拳产业化的发展现状

体育产业是引领体育发展的重要组成部分。太极拳作为民族传统体育的一项内容，其产业的发展也是保证其健康发展的重要因素。作为太极拳发

---

[1] 姚伟华.河南省城市社区武术活动现状及对策研究[D].开封：河南大学，2006.
[2] 褚哲森.河南省焦作市社区体育现状研究[D].北京：北京体育大学，2007.
[3] 宋来炜，姚俊红.洛阳社区太极拳运动开展的现状调查与分析[J].当代体育科技，2015，5（19）：185，187.
[4] 尹玲.周口市太极拳运动开展的现状与分析[J].职业技术，2007，（4）：60.
[5] 衡素云.孙式太极拳在河南省开封市全民健身运动中的发展现状及对策研究[D].南宁：广西民族大学，2015.

太极拳大众传播：理论与反思

源地的河南，其太极拳产业发展应该成为全国体育产业的典范。焦作市依托太极拳的地域资源，市政府也极为重视太极拳产业的发展，努力推动太极拳品牌的建立，在"一山一拳"理念提出后，又提出了"中原养生地，世界太极拳城"的口号，努力把太极拳作为焦作市，甚至是河南省重要的经济增长点。同时，利用河南太极拳的雄厚资源，由省、市政府牵头，每两年举办中国焦作国际太极拳交流大赛，以此带动河南省太极拳产业的发展。

然而，尽管河南省拥有雄厚的师资及太极拳专业人才。但太极拳产业发展仍然需要找到突破的着力点。太极拳传承人陈炳认为："要每年持续进行太极拳教练员的培训和考核，扩大太极拳教练员队伍。用高密度的高技术、高素质太极拳专业人才来匹配世界太极城的顶级品牌。"[1]当前河南省太极拳文化产业仍然面临着发展水平较低，以太极拳培训市场为主，其他行业发展缓慢的困境。太极拳在成功申报世界非物质文化遗产后，在河南省文化和旅游厅主导下，焦作市仅围绕"中原养生地，世界太极城"发展战略，极力打造太极拳产业。河南省以陈家沟为中心，改造旅游设施，创编舞台剧《印象太极》全域剧场，打造太极拳文化的展示平台，为太极拳世界非遗保护助力。但由于缺乏大量的客流量，陈家沟产业并未释放出应有的产业活力。

四、其他地区太极拳大众传播的现状

伴随着太极拳的普及推广，太极拳大众传播取得了显著成效，逐渐成为全民健身的一种方式。河北省邯郸市作为杨式太极拳、武式太极拳的发源地，受到邯郸市政府的高度重视。邯郸市围绕太极拳文化，打造了广府古城遗址、杨露禅故居、武禹襄故居、永年太极广场等遗迹，扩大了太极拳的影响。北京市作为吴式太极拳传播的重要地区，在诸多吴式太极拳习练者助推下，吴式太极拳在北京的辅导站由研究会初建时的5个发展到30个。社会体育指导员已有三四十人。吴式太极拳在北京地区的辅导站有中山公园、景山公园、紫竹院公园、柳荫公园、天坛公园、东单公园、官园等。太极拳

[1] 赵改玲.推动太极康养产业落地落实[N].焦作日报，2023-1-10（A11）.

第六章　太极拳大众传播之成效：现状与问题

在不同地区的快速发展，也得到国家相关部门的关注。"到 2030 年，我国将建立起以'太极拳健康工程'为核心的太极拳公共服务体系，培养一支稳定的太极拳骨干核心队伍，完成社区、乡镇太极拳辅导站点的基本覆盖"[1]。融入全民健身公共服务体系中的太极拳，不仅在全国得到了快速发展，太极拳的价值也逐渐得到人们认可，大众参与太极拳锻炼的人群也在不断增加。

另外，随着全球化进程的不断深入。一带一路、人类命运共同体构建的倡议的提出，为太极拳的国际传播提供了平台。早在 2001 年，国际武联将每年的 5 月定为"世界太极拳月"，为太极拳在世界各国的传播发展提供了重要的支撑。2013 年，习近平总书记提出了"一带一路"倡议，为太极拳在一带一路沿线国家传播提供了方向。围绕"一带一路"沿线国家，太极拳赛事、太极拳文化传播、太极拳健康服务取得了显著成效。2020 年 12 月，太极拳成功被列入联合国教科文组织人类非物质文化遗产代表作名录，标志着太极拳文化得到了世界人们的认可。

五、河南省太极拳文化事业的发展现状

太极拳作为文化事业的组成部分，其大众传播离不开政府的重视和媒体的宣传。对太极拳文化事业的发展，焦作市政府走在前列。将太极拳视为地方政府经济、文化发展的重要抓手。1999 年，焦作市委、市政府下发文件《关于在全市推广太极拳的通知》，要求全市各级、各部门把学习太极拳作为一项制度确定下来，并把每年的 5 月定为"太极拳活动月"，开展太极拳比赛、表演、讲座、咨询等系列活动。这就确定了焦作市太极拳的地位，大大提高了太极拳习练者的积极性，促进了太极拳在焦作市的长足发展。2005 年，焦作市提出了"一山一拳"的发展战略。太极拳作为继承中国传统文化的重要作用，以及太极拳所带来的巨大经济效益成为目前焦作市发展太极拳的重要话题。

河南省作为武术大省，也把武术文化作为对外推介河南文化的名片。河南省大力发展少林、太极两大拳种。围绕着少林、太极两大拳种，河南省文

---

[1] 吕韶钧."太极拳健康工程"实施的核心内容[J].北京体育大学学报，2015，38（9）：15-19，27.

化旅游厅在文化旅游方面作出了推动性进展。在河南省文化和旅游厅的主导下，2020年12月，太极拳成功被列为联合国教科文组织人类非物质文化遗产代表作名录。2021年，以河南省文化和旅游厅牵头，焦作市文化和旅游广电局、温县人民政府及河南理工大学，共同成立了中国非物质文化遗产保护协会太极拳专业委员会。河南省文化和旅游厅投资建设了国内首家太极拳实验室，用于太极拳的实证研究，为太极拳大众传播提供科技保障。2022年，河南省文化和旅游厅又主导推出"太极拳一张图"。"太极拳一张图"通过互联网传播的方式，引入百度智能云的人工智能数据，对太极拳相关信息进行收集、汇总、检索，为太极拳非遗项目提供互联网服务。目前，"太极拳一张图"共收集了7个流派725位传承人的相关信息，并收集了325个太极拳传播场所。"太极拳一张图"运用现代互联网、人工智能、大数据技术，让传统的非遗项目活起来，也为太极拳大众传播提供了新的平台。

第二节　太极拳大众传播的问题

在中国进入新时代的当下，中华优秀传统文化的创造性转化与创新性发展，是服务于当代社会需要的重要途径。作为中华优秀传统文化重要载体的太极拳，既是中华优秀传统文化的瑰宝，又是一项世界非物质文化遗产。太极拳彰显的价值理念为人类命运共同体建设提供中国智慧，太极拳蕴含的健身理念对"人民日益增长的美好生活需要"有重要作用。因此，太极拳应该成为新时代弘扬中华文化的重要组成部分。起源于河南焦作的太极拳，经过三百余年的发展，已经衍生出杨式、孙式、吴式等诸多流派，使太极拳得到了较好的传播和推广，进一步扩大了太极拳的影响力。河南省作为太极拳的故乡，一直把太极拳发展作为文化推广的重要内容。河南省太极拳文化发展的现状不仅代表着国内太极拳发展的水平，同时也引领着太极拳的发展。因此，对河南省太极拳发展现状的梳理，分析未来太极拳的发展趋势，对太极拳传承与发展有重要指导作用。

一、太极拳在学校教育中的传播问题

学校教育作为文化传承的重要阵地，对中华优秀传统文化的继承弘扬具有重要作用。太极拳作为中华民族优秀文化遗产，已成为河南乃至中国的一张"文化名片"。太极拳在学校教育的传播，就成为河南省政府、焦作市政府义不容辞的责任。目前，河南省已经在大中小学开展太极拳普及活动。如焦作市在小学、中学传授太极拳，并把太极拳作为中考的一项内容纳入基础教育中。而部分高校也开始设置太极拳学院，招收、培养高素质的太极拳专业人才，为太极拳传播奠定了人才基础。

然而，在现代学校教育系统中，太极拳传播仍然面临着诸多问题。首先，学校教育太极拳传播与民间太极拳传承缺乏合力。太极拳产生于乡村社会，具有浓厚的乡土气息。太极拳要实现普及推广，学校是其主要传播阵地之一。但现在民间拳师一方面不具备教师资格证，缺乏教师所必备的知识和能力，无法到学校进行太极拳传播；另一方面，一些太极拳名师由于在海内外广收门徒，已经形成了独特的运营模式和传播方式。他们没有精力也不愿意到高校进行义务的传播，最终导致出现了学校教育系统与民间太极拳传播之间断裂现象。

其次，学校教育中太极拳传播面临着师资困境。高校老师一般是由具有高学历人群担任。而历经现代教育系统培养出来的太极拳专业老师，在太极拳技能方面存在着严重不足，导致太极拳老师专业理论知识丰富，但太极拳专业技术较差，影响了学校教育的太极拳传播。

另外，学校教育中教授的太极拳内容缺乏创新。在现代教育系统中，太极拳传播主要依托体育与健康课程的方式。而学校教育中的体育与健康课程是按照教学大纲要求和计划的开展的。因此，学校教育中的太极拳传播只能依据现有课程安排，开设有限的太极拳课程。在有限的课时内，太极拳教学内容的设置只能是选取某些简化套路。而这些教学内容与现代其他体育项目相比，往往缺乏新意，尤其缺乏吸引青少年的动作，影响了学校教育中太极拳传播效果。

二、民间太极拳大众传播的问题

当前民间太极拳大众传播主体主要是民间传承人和太极拳爱好者。民间传承人是太极拳传承的主要力量，对太极拳的大众传播有着重要作用。但由于民间传承固有的保守思想，使民间太极拳传播一直处于相对封闭保守的传播环境中。民间太极拳一直保持家族式的师徒传承方式。这种传承方式一方面限制着太极拳大众传播的范围，使太极拳只能在一个较小的范围内有限传承；另一方面，太极拳师徒传承方式导致其传承人群面临着危机。因为，太极拳作为传统社会中的一个武术拳种，在现代社会中已经失去了其技击防身的主要功能。"很多习练者不能再靠武术谋生。他们虽有一身精湛武艺，但不得不因为生活而选择其他职业"[1]。民间太极拳传承人也面临着同样的困境。太极拳传承人无法得到很好的保障。

另外，民间太极拳在传播的过程中处于无序的状态。个别太极拳习练者在传播的过程中，通过夸张、虚幻的动作迷惑广大群众，甚至出现隔空打人、隔山打牛的虚假传播现象，给太极拳形象带来诸多负面影响。还有部分民间太极拳传播者在收费过程中，随意收取高额费用，并以授予"传承人"的名义收取钱财，给太极拳培训市场带来了负面影响。还有部分太极拳习练者通过私自约架的形式，举行所谓的擂台比赛，导致太极拳被认为是"花拳绣腿"的代名词。诸多问题，都给民间太极拳传播带来了阻力，成为影响民间太极拳传播的阻碍因素。

三、太极拳大众传播的产业化困境

产业作为太极拳大众传播的重要经济保障，是推动太极拳大众传播的动力源泉。只有太极拳产业释放出巨大活力，太极拳大众传播才能显示出效果。但今天的太极拳产业仍然面临诸多困境。首先，太极拳健身前景很好，但太极拳健身产业市场尚未形成。在健康中国、全民健身的国家战略指

---

[1] 杨静，王凯. 传统武术非物质文化遗产传承人的现状、问题及对策[J]. 首都体育学院学报，2017，29（5）：429-432.

引下，太极拳的健身价值必将得到进一步凸显。新时代人们对美好生活的需求，必将伴随着人们对身体健康的重视。因此，从传统社会中走来的太极拳，应该及时进行创造性转化。把传统社会中太极拳的技击防身价值，向满足人们需要的健身、养生价值转化。深度挖掘太极拳蕴含的健康、养生理念，让太极拳成为提高人们生活质量的重要手段。但现有的太极拳健身市场消费群体主要以老年人为主，且大多参与太极拳健身锻炼的人群收费较低，部分甚至是免费学习，导致太极拳健身产业一直无法形成良好的环境。

其次，当前太极拳产业升级缓慢，阻碍了太极拳产业的多样化发展。长期以来，太极拳产业结构单一，发展缓慢。表现在太极拳产业主要依靠部分民间太极拳名师，依靠自身的声誉在全国乃至不同国家，开展太极拳传播。在此过程中，形成了以拳师为中心的培训机构。这些太极拳名师通过建立多个培训机构，形成了太极拳培训产业市场。然而，纵观太极拳拳师所建立的培训产业，主要以教拳为主，产业形式单一，影响了太极拳产业的发展。伴随着中国经济的快速发展，太极拳表演产业、太极拳养生产业、太极拳服饰产业、太极拳用品产业、太极拳文化产业等各个产业领域，都需要在产业开发方面取得新突破。但是，由于缺乏跨界的专业人才介入，太极拳产业升级面临着困境。仅依靠太极拳师无法实现诸多产业的升级改造。而其他行业人员要么缺乏对太极拳的认识和了解、要么涉猎的产业与太极拳文化内涵脱节，制约了太极拳产业的转型及多样化发展。

再次，太极拳文化产业活力释放不够，尚未实现产业的高质量发展。太极拳产业作为体育产业、文化产业的组成部分，相对滞后经济高质量发展的步伐。当下，中国体育产业、文化产业，也正在从粗放式发展向高质量发展转变。然而，太极拳文化产业依然处于发展的初级阶段。原因在于，太极拳文化的内涵挖掘不够，影响了太极拳产业的高质量发展。今天我们对太极拳的认识，大多停留在身体锻炼的层面。在诸多身体锻炼方式中，太极拳并未在众多现代体育项目中显示出独特的作用和价值。因此，太极拳无法展现出其蕴含的深厚文化，导致人们对太极拳文化产业开发不够。另外，伴随着现代传播媒介的多元化，网络、手机等自媒体的快速发展，给太极拳文化产业也带来契机。但由于对太极拳文化内涵认知的偏颇，在自媒体网络平台上的太极拳传播，往往是泥沙俱下，调侃太极拳、传播太极拳文化负面形象的现象时有发生，对太极拳文化产业产生了不利影响。

发源于河南焦作的太极拳，已经成为中华文化的一张名片。政府在太极拳推广方面也做了大量的工作，太极拳推广也成为文化产业、文化旅游业发展、文创产品设计等产业的重要组成部分。今天的太极拳进校园、太极拳进社区、太极拳进乡镇已经初有成效。太极拳所承载的健康价值、产业价值、文化价值，也散发出一定的活力，太极拳产业也为地方经济的繁荣发展作出了贡献。作为中国文化重要载体的太极拳更应该顺应时代潮流，在服务于健康中国、全民健身、构建人类命运共同体的建设中，彰显出自身的文化产业力量。

第三节　太极拳大众传播的优势

一、太极拳大众传播的地域优势

太极拳发源焦作，焦作是河南省的一个重要的具有厚重文化底蕴的旅游城市，北依太行山与山西省接壤，南临黄河与郑州、洛阳相望。焦作历来就有习武之风，在中国武术史上占有重要地位的陈式太极拳就源于焦作市温县陈家沟。焦作市具有得天独厚的地理优势，为太极拳的传播创造了极为有利的条件。焦作市在此基础上，利用有利的地理优势，从2000年开始，至今已经举办了十一届中国·焦作国际太极拳交流大赛。无论从参赛规模、办赛质量及赛事的影响等方面，都对太极拳大众传播产生了巨大影响。中国·焦作国际太极拳交流大赛先后荣获"中国体育旅游精品项目""中国体育旅游精品赛事"等称号。为太极拳国际化推广作出了极好的宣传。"一赛一节"就是一个招商引资的大舞台，也是焦作经济转型发展的一次重大机遇。焦作太极拳已经成为推动焦作市经济发展的重要力量。

另外，以太极拳发源地为中心，形成了太极拳大众传播的中心区域。

2020年，太极拳列入联合国教科文组织人类非物质文化遗产代表作名录，极大地提升了太极拳的影响力。河南省文化和旅游厅、焦作市人民政府高度重视太极拳发展，拨付专门资金用于太极拳非遗传承发展。同时，依托焦作太极拳发源地地域优势，大力传播太极拳。如2022年12月28日，在焦作百姓文化超市"我跟大师学太极"直播间，数万人正在线上跟随陈式太极拳非遗传承人陈炳习练太极拳。从2022年11月4日起，太极拳发源地温县陈家沟的100余名太极拳师线上视频教学的点击量已达数亿次，扩大了太极拳大众传播的影响力。

二、太极拳大众传播的人口优势

太极拳作为具有民族特色的体育运动项目，有着广大的群众基础。在全国各类高等学校中，二十四式太极拳几乎成为大学生的必修课。而在全国各地的公园、大众健身场所中，随处可见参与太极拳锻炼的人群。仅在太极拳发源地陈家沟，全村80%以上的人会打太极拳，就连小孩子做游戏也离不开太极招式，所以这里至今尚有"喝了陈沟水，都会跷跷腿"的说法。庞大的练习人群，浓厚的太极拳锻炼氛围，共同支撑着焦作市太极拳的发展。

另外，随着人们生活水平的进一步提高，太极拳作为原始的技击实用价值在不断减弱，而健身、娱乐、休闲、经济、文化等功能在不断增强，人们练拳的目的也由单纯的治病康复向健身、娱乐、交友、休闲等多维化方向发展。从练习者的职业上看，也从原有占大多数的农民为主，逐步开始多元化，这不仅扩大了太极拳的习练者的范围，也为太极拳自身品位的提高，太极拳文化价值的开发创造条件。

三、太极拳大众传播的文化优势

在世界全球化的今天，经济的全球化必然会带动文化的全球化。伴随着文化的全球化的不断推进，西方文化以强势文化的姿态，成为文化全球化的主体。在此过程中，世界其他国家，尤其是发展中国家的文化，在西方文化全球化影响下，其文化多样性正在消失。中国作为发展中国家，经济的快速发展，使中国在国际上的地位愈发重要。如何让世界更好地了解中国、读懂中国，迫切需要讲好中国故事，传播好中国声音，传递好中国形象。太极拳作为中国传统文化的代表，是中国传统文化的凝结，也是中国人思维方式的体现。太极拳大众传播对讲好中国故事、塑造中国形象具有重要作用和意义。

因为，当前中国在积极拥抱世界的过程中，受文化差异、地缘政治等不稳定因素影响，中国价值观面临着传播障碍。传统的以"说""表达"等形式的传播方式无法达到预期的传播效能。因此，找寻一种有效的文化载体，提高中国价值观全球传播效能是当务之急。在众多中华文化形态中，太极拳无疑具有得天独厚的优势。

首先，蕴含健康价值的太极拳能满足全世界人们的共同需要。产生于中国文化土壤之中的太极拳，自诞生起就建立在中医养生、导引吐纳养生理论的基础上，体现出独特的健身养生价值。太极拳成为人类健康保驾护航的中国贡献。不同国家可以因文化差异而拒绝外来文化的输入，但却无法拒绝对健康的需要。由此，为人类贡献健康服务的太极拳具有了中国与世界交流的通行证。

其次，拥有广泛受众的太极拳能实现中国文化国际传播的民心相通。由于太极拳蕴含的独特健康价值，使太极拳成为世界上备受欢迎的运动项目。如今的太极拳已经成为大众参与度最高的文化事项之一。太极拳在世界范围内的广泛参与度，使太极拳成为不同国家增进友谊、实现民心相通的桥梁。

另外，通过身体实践的太极拳能提高中国文化价值观的传播效能。太极拳是通过身体的语言交流，实现文化国际传播的目的。太极拳在国际传播中，可以通过身体运动实践的方式实现文化的交流，避免了单一依靠语言交流所产生的文化传播不畅的弊端。由此可见，太极拳在文化丛群传播中具有显著的独特性和不可替代性。太极拳能跨越文化传播中的语言障碍，更好实现中国文化传播的目标，进而提高中国文化国际传播的效能。

第四节　太极拳大众传播的旨归

一、太极拳大众传播符合当今社会的大众需求

当科学进入太空时代的今天，人类的竞争可谓空前的激烈。激烈的竞争环境中，给人们造成了巨大的精神压力，从而使人产生暴躁、恐惧、紧张等负面情绪而导致文明病的出现。据学者的研究结果显示："2019年，慢性病的致死人数占全国总死亡人数的88%，疾病负担占全国所有疾病负担的70%以上。"[1]伴随着人们生活方式的改变，增加了人们患慢性病的风险。在《全国第六次卫生服务统计调查报告》中显示："在2018年全国十五岁以上城市人口的慢性病患病率高达33.5%，与2013年相比增加了7.2个百分点。"[2]而产生这种慢性病的原因与患者承受的压力成正相关，"大部分患者处于较大压力水平（74.6%）"[3]，在诸多影响因素中，其中"压力知觉、社会关系质量、积极度可以通过直接和间接的方式影响自我管理行为，自我关怀可直接影响自我管理行为，且作为中介变量发挥重要作用，其中压力知觉的间接效应最大，社会关系质量的总效应及直接效应最大"[4]。因此，医学家、心理学家及养生学家便研究出一套松弛身心的理论，教人如何松弛身心，常常让轻松愉快的情绪刺激着你的身体，便能使内分泌物质保持适度的均衡，松弛我们的精神和肉体。而太极拳就成为最合适的让人心情放松的运动。练习太极拳，必先求内静，使周身放松，只有在内静的情况下，大脑皮层才能在运动中获得休息，中枢神经既指挥了全身各器官机能的协调运作，同时也训练了

---

[1] 孙菊，付先知，姚强.基于医保视角的超大城市慢性病住院负担与应对策略——以中部W市为例[J].中国卫生政策研究，2023，16（4）：1-8.

[2] 孙菊，付先知，姚强.基于医保视角的超大城市慢性病住院负担与应对策略——以中部W市为例[J].中国卫生政策研究，2023，16（4）：1-8.

[3] 刘红英.基于压力系统理论的老年慢性病患者自我管理行为影响因素研究[D].延吉：延边大学，2022：1.

[4] 刘红英.基于压力系统理论的老年慢性病患者自我管理行为影响因素研究[D].延吉：延边大学，2022：2.

神经的灵活性。太极拳"一定要在心情愉快，情趣横生的情况下打拳才能打好。所以上场打拳一定要清新涤虑、专心致志，打拳不仅是练武，而是通过练武抒发自己宽阔的胸怀和高尚的情操"。太极拳刚柔相济，以静为主，静中求动的运动方式，可以让人们放松紧张的心情，缓解工作带给人们的巨大精神压力。轻缓柔和的太极拳适合当今社会的大众需求，满足着人们的需要。因此，在信息化时代背景下，发达的现代化技术正改变着我们生活方式，同时也对我们的身心健康产生深远的影响。太极拳作为中国一项独特的身体活动，对调节人的身心健康都有着良好的作用。在人们对美好生活追求的目标下，在"共享健康、共享太极"理念指导下，太极拳能够满足当今大众人们的生活需要。

二、太极拳大众传播顺应新农村建设的时代潮流

我国是一个人口大国，农村人口一直占有较大的比重。2007年1月29日，中共中央国务院印发《中共中央国务院关于积极发展现代农业扎实推进社会主义新农村建设的若干意见》，文件指出："大力发展特色农业。要立足当地自然和人文优势，培育主导产品，优化区域布局。适应人们日益多样化的物质文化需求，因地制宜地发展特而专、新而奇、精而美的各种物质、非物质产品和产业。"太极拳作为中国武术的重要组成部分，积淀着浓厚的中国传统文化，太极拳所具有的非物质文化因素，已经远远超出了太极拳本身技术因素。太极拳的故乡焦作发展太极拳不仅可以推进乡村振兴的快速发展，丰富农村文化事业，而且还可以凸显太极拳的地方特色，发展太极拳产业，推动地方经济的快速发展。

三、太极拳大众传播是构建和谐社会的重要组成部分

新世纪的今天，当我们贪婪地从大自然攫取资源，满足我们的需要时，大自然也给予人类无情打击，水污染、能源枯竭、洪涝灾害、海啸及现代社会"文明病"的出现，警示着人类必须找寻一种合适的、协调的可持续发展的和谐之路。构建和谐社会也成为当前的一个重要话题。和谐成为当今世界

发展的主题。而和谐则是太极拳文化的核心，太极拳无处不体现着和谐的理念。太极拳运动中要求上与下合、内与外合、形与神合，形开气合、形合气开，开中有合、合中有开，"和谐是它的文化命脉，是技术的核心"，和谐也成为太极拳塑造外形和洗涤心灵良好手段。太极拳通过中正安舒的运动姿势，自然松舒的运动理念，节节贯串、圆融活泼、舍己从人、随曲就伸、引进落空的运动规律，培养着人和谐的价值理念，处处体现着和谐的思想。太极拳的发展成为构建和谐社会的重要组成部分。

四、文化全球化为太极拳大众传播提供绝好的契机

文化的全球化是以美国为代表的西方文化的强势文化在世界范围内的推广，文化全球化的结果是本国的文化主体性失落，全世界的文化趋向统一。"如果一个民族、一个国家，它的文化主体性失落的话，那也就意味着这个国家的历史中断了，它的民族精神和传统丧失[1]"。在这种情况下，传统文化的保护就显得极其重要。太极拳成功入选联合国教科文组织人类非物质文化遗产代表作名录，为太极拳非物质文化遗产保护提出了新的要求。在"共享健康、共享太极"理念指引下，推动太极拳积极走向世界，就具有重要意义。一方面，在世界范围内推广太极拳，有利于把中国优秀的传统文化传向世界各地，使全世界的人们都领略到中国传统文化的无穷魅力。另一方面，太极拳已成为名副其实的世界第一武术运动。太极拳的大众传播，有利于继承和弘扬中国传统文化，服务于人类命运共同体建设。深厚的太极文化所包含的可观的经济价值和无限的商机已经引起社会各方面的重视。太极拳和太极文化成为焦作市当前一个时期内倾力打造的一个产业品牌。

在世界追求和平的今天，原始的以技击为主要功能的中国武术已经失去原有的生存环境，大多数拳种正在我们身边一点点地消失，这已成为不争的事实。但是，今天的太极拳以极其顽强的生命力，以蕴含的厚重中国优秀传统文化，在世界各地遍地开花，吸引着无数世界人们的目光，满足着当今

[1] 田树林，刘强. 思维进阶 常态课不能绕过的素养[M]. 北京：光明日报出版社，2018：246.

人们的大众需求。太极拳运动，已经远远超出了其具有的运动技术的功能价值。太极拳所蕴含的文化、经济功能成为支撑太极拳生存的主要生命力，也折射出太极拳美好的发展前景。

第七章

太极拳大众传播之态势：国内与国外

当今社会已经快速步入信息化时代，世界各个国家之间的联系不断增强。任何一个国家、任何一种文化都融入了全球化时代的浪潮中。太极拳作为中国的一种标识性文化符号，伴随着信息化、全球化时代的到来，太极拳大众传播也遇到了前所未有的机遇。长期以来，传统社会中的太极拳传播范围相对封闭；近代以来，太极拳在国内全面普及推广开来。在信息化、全球化时代背景下，一方面，太极拳大众传播应充分利用区域资源优势，打好河南焦作发源地的区域基础；另一方面，太极拳大众传播应坚守民族本源，在坚守国内传播的同时，也应该拓宽视野，坚持"共享太极，共享健康"理念，把太极拳文化传播到世界各地，服务于人类社会的共同需要。

第一节 太极拳大众传播的区域基础

一、太极拳大众传播应整合区域资源

（一）太极拳大众传播需要整合发源地的资源

河南省位于黄河中下游，是古时九州的中心，是中华文明的主要发祥地之一，自古以来就有"豫州""中州""中原"之称。古人称"得中原者得天下""当取天下之是，河南在所必争"。特殊的地理位置，古老而又悠久的历史，积淀了深厚的文化底蕴，具备了极强的文化资源。

河南省作为太极拳的故乡，自古以来，就有习武的遗风，并拥有基数庞大的太极拳锻炼人群。尤其是1992年至今，"中国焦作国际太极拳交流大赛"的定期召开，不仅推动了河南本地区太极拳活动的蓬勃开展，展示了太极文化神韵，也吸引了无数广大爱好者广泛参与到太极拳锻炼中来。2000年6月20日，国际武术联合会执委会在马来西亚吉隆坡通过决议，将每年5月定为"世界太极拳健身月"，使太极拳得到进一步推广。2005年，中国武术协会授予焦作市"太极圣地"称号；2017年，焦作市发动了"2017世界百城千万人太极拳展演"活动，在世界范围产生了巨大影响；2021年，河南省重点打造的文旅项目《印象·太极》开演。广泛的群众参与，使河南成为太极拳宣传和传播的重要场所。河北的邯郸是杨式太极拳、武式太极拳的发源地；北京还有吴式太极拳、河北邢台还有王其和太极拳，诸多太极拳流派都在各自的区域取得了显著成效。但目前太极拳发展仍处于各自为政的状态。不同流派之间、不同区域尚未形成发展合力。在太极拳成为人类非遗的当下，整合太极拳各流派资源，在全国上下形成一个整体，是太极拳大众传播重要的努力方向。

（二）太极拳大众传播需要政府与民间的共同参与

在充满着激烈竞争的21世纪的今天，文化在综合国力竞争中的地位日益重要。谁占据了文化发展的制高点，谁就能够更好地在激烈的国际竞争中掌握主动权。人类文明进步的历史也充分证明，没有先进文化的积极引领，没有人民精神世界的极大丰富，没有全民族创造精神的充分发挥，一个国家、一个民族是不可能屹立于世界之林。文化的发展成为一个地区甚至是一个国家立足于世界的重要标识性品牌。而河南省所具备的文化优势也在文化全球化的激烈竞争中逐渐得到彰显。太极拳作为中国文化的优秀载体，在广大的乡村有着厚重的人口基础。民间太极拳传承者成为太极拳大众传播的主体之一。很多民间太极拳传承人，在世界各地建立太极拳馆，定期到世界各地进行太极拳培训，为太极拳大众传播作出了积极贡献。随着全面健身战略的不断推进，健康中国战略的实施，太极拳的健身价值、文化价值逐渐得到了政府部门的关注。因此，今天的太极拳大众传播离不开政府的参与。政府应该充分发挥其整合资源、全面指导太极拳发展。例如，开展太极拳实证研究，打造太极拳文化品牌，制定太极拳产业发展规划等方面，必须由政府参与才能完成。尽管民间太极拳有雄厚的人口基础，但民间太极拳发展松散、各自为政。民间太极拳需要政府的引导才能释放出活力。从全局的眼光，整合太极拳各种资源，共同打造太极拳文化品牌及产业，也只有在政府意识参与的前提下，太极拳才能为文化强国、健康中国建设服务，并实现走向全国，走出世界的宏伟蓝图，实现太极拳的大众化发展战略。

二、太极拳大众传播应坚守民族本源

在世界文化相互交流日益盛行的今天，"发展"和"强盛"成为人类社会生活最盛行的霸权话语，当科学和技术所创造的物质财富极度地满足人们欲望时，我们越来越多地丢失了历史长期积累和蕴含着的许多文化和价值，人们的生活越来越缺少了什么，越来越浅薄、浮躁和索然无味。找不到文化的根，失去了文化的家园，成了精神的放逐者。因此，保护民族文化多样性成为各个国家、民族文化安全的重要内容。

今天太极拳的大众化传播，也必须坚守中国传统文化的民族本源。在面对以西方体育文化为主导的现代化冲击时，太极拳必须在传统与现代之间找到合适的结合点。单纯地保持传统，可能很难适应世界大众的胃口，而完全吸收西方体育文化的内容，则会在传播的过程中将存在迷失自己身份的风险。因此，太极拳的大众化发展，必须坚持以推介中国优秀传统文化为前提，在保持中国优秀传统文化基因延续的基础上，吸收现代体育文化的优秀内容，以完善自身文化的不足之处，使太极拳真正成为能延续民族优秀传统文化的精神链条。因为，"越是民族的，才是世界的"。太极拳的大众化传播，也必须是以太极拳为载体，以推介中国优秀的传统文化为目标，使世界最终能够接受并共享我们优秀的传统文化。如果我们忽视了太极拳作为民族文化的本源问题，那么太极拳的推广也变得毫无价值意义。

三、太极拳大众传播要有世界眼光

今天的世界，是一个开放的世界，任何封闭保守的思想将成为影响其发展的最大障碍。太极拳的发展同样需要一个开放的视野，以扩大太极拳的世界影响力。

（一）共享健康：太极拳大众传播应从民族传统体育上升到世界体育运动

当西方体育文化全球化席卷时，中国民族传统体育的发展大多采取了自娱自乐、保守封闭的发展策略，缺乏全球视野和全球思维，或者用西方体育的文化标准改变着自身的文化形象，以适应西方体育文化的挑战，或者通过寻求政府支持，获得行政保护，而很少考虑利用全球资源参与到全球竞争中去。太极拳的大众化发展同样需要具有全球的视野，抓住机遇，敢于挑战。

中国焦作国际太极拳交流大赛的成功举办，使太极拳更好地融入了世界，也使世界了解了太极拳文化。然而，文化全球化潮流涤荡全世界，纯粹的"民族运动项目"难以生存和发展，更难以与西方体育运动相竞争。面对西方体育运动项目的竞争，太极拳的发展必须学会吸纳整合西方体育运动项目的优势资源来参与全球竞争中。换言之，太极拳要适合世界人们的需求，以自身的特色参与到世界文化的行列中去。

（二）共享太极：太极拳大众传播应坚持中华文化服务世界人类发展

面对体育文化全球化的冲击，太极拳的发展应具有全球的发展战略。首先，摈弃门户之弊端，反对门户之争，国内太极拳的发展应达成一致，避免为了利益而出现相互争论而影响发展的事情。其次，太极拳的发展，应充分发挥其中国传统文化的民族特色，以文化特色为主要推介方式，推广太极拳运动。唯有如此，太极拳才能在世界文化中取得自己应有的地位。

事实上，近年来中国焦作国际太极拳交流大赛的成功举办、由河南省焦作市倡议发起的"共享太极 共享健康"世界百万太极拳爱好者共同演练活动、太极拳入选人类非物质文化遗产代表作名录等成效，已经体现了太极拳世界传播的成就。太极拳也逐渐走出国门，走向世界。围绕太极拳大众传播，一方面，建立对外联系的渠道，将知名的太极拳名家推向国外进行表演和交流，积极参加各种武术比赛，同时和高校建立联系，为高校输送太极人才，不断更新太极拳继承人的理念和知识结构，增强太极拳继承人的整体素质。另一方面，努力举办有影响的太极拳表演赛、交流赛，扩大太极拳在世界范围内的辐射力及影响力，并展开太极拳产业的开发研究，使太极拳的国际化传播初具规模，取得积极的成效。

第二节 太极拳大众传播的世界需要

党的十八大之后，中华民族在迎来伟大复兴征程中，也积极为世界和平发展提供中国智慧、中国方案，并从人类和谐共生、和平发展的高度出发，提出构建人类命运共同体的理念。然而，当前国际环境仍面临着严峻考验。冷战思维、零和博弈的传统国际政治理念，以及强权政治、霸权主义的国际秩序逻辑，严重影响着世界各国的稳定和发展。不同国家在政治上缺乏互信，在经济上缺乏平衡，在文化上存在差异，无疑增加了中国推动人类命运共同体的难度。鉴于此，如何缩小大国之间的观念分歧，以合作取代对抗，以共赢取代独占，以共同发展取代零和思维，迫切需要中国讲好文化故事、传播好中国声音，在推动人类命运共同体的实践创新方面取得新突破。作为中国文化载体的太极拳，其蕴含和睦相处的和谐思想、淡化竞争的思维方式、互利共赢的价值观念，具有推动人类命运共同体的文化优势；其蕴含的健康价值、广泛的受众，具有推动人类命运共同体的实践优势。太极拳国际传播无疑是人类命运共同体构建在实践创新方面的重大突破。

一、太极拳契合了人类命运共同体构建的内在需要

当今世界正在发生百年未有之大变局。全球化在经历了殖民扩张、贸易投资、资源配置的发展历程后，为世界新兴经济群体的崛起提供了驱动力。但发达国家在全球化过程中垄断能力的下降，使反全球化、反自由贸易思潮泛起，导致全球化与逆全球化的矛盾日益突出，进而给世界经济发展带来了诸多不稳定因素。然而，全球化作为世界发展的历史进程，并不以人们的主观意志而转移。因此，如何消解全球化的负面影响，打造开放共赢的合作模式，是世界各国人们共同面临的关键性问题。

西方发达国家作为世界发展的主要力量，在霸权主义、强权政治的主宰下，极力推行利己主义和单边主义，不利于世界普遍繁荣和共同发展。作为新兴经济体主要力量的中国，应该体现大国的担当意识，为世界和平发展贡献力量。尤其是近年来爆发的新冠疫情，使任何国家在人类面临重大灾难时都很难独善其身，凸显人类命运的休戚与共。鉴于此，中国更应发挥自身的文化优势，为解决全球问题贡献中国力量。但不可否认，中国优秀文化的国际传播仍存在着认知困难、传播效能不佳的文化折扣现象。如何讲好中国故事，传播好中国声音，迫切需要在实践创新方面取得新突破、开创新局面。

太极拳作为中国优秀文化的载体，体现着中国人的思维方式和处事原则，是一种和谐文化的典范。太极拳蕴含"天人合一"的哲学思想、阴阳辩证的整体思维、和而不同的文化追求、推己及人的处世智慧、天下为公的使命责任、健康促进的时代价值，不仅彰显着中国文化的核心价值，同时也是世界各国人们亟须的共同价值，是促进世界和平、可持续发展的中国贡献。太极拳蕴含的思想文化是人类命运共同体观念的身体表达，太极拳的国际传播成为推动人类命运共同体的最佳载体。

二、太极拳蕴含着人类命运共同体构建的文化理念

人类命运共同体既是中华优秀传统文化的延续，也是顺应世界潮流的

历史选择。诞生于中华优秀文化沃土的太极拳,其所蕴含的整体思维的全球观、天人合一的生态观、和而不同的社会观、健康促进的价值观,成为推动人类命运共同体的文化力量。

太极拳的运动理念体现着和谐共生的全球观。太极拳运动中阴阳一体的整体观,与人类命运共同体所倡导的"共建共享""共谋发展"的全球观不谋而合。中国离不开世界,世界也需要中国。中国在倡导全球互通互联和文明交流互鉴的基础上,实现人类各种文明的共同繁荣发展。

太极拳的技击理念蕴含着和平共处的安全观。作为一种格斗术的太极拳,却体现了对技击的独到理解。太极拳技击不是建立在零和博弈的对抗思维上,而是倡导不争不抗、避免冲突,通过听劲懂劲、舍己从人,达到化解矛盾的目的。不争是对世界冲突对抗的另一种理解。坚持对话而不对抗,通过对话增进互信,通过合作促进安全。听劲懂劲是以推己及人的心态,尊重和保障每一个国家和地区的安全,将心比心、求同存异,寻求国家之间和平发展的最大公约数,形成一个协和万邦的世界安全格局。这种以和平方式解决争端的思维是对世界传统安全观的突破和创新。

太极拳的天人合一理念体现着绿色发展的生态观。天人合一是将人与自然看作为一个有机整体,注重追求人与自然的和谐统一。天人合一也是指导太极拳练习的重要思想。太极拳在运动过程中,要求做到心态自然、拳法自然、呼吸自然始终强调遵循自然运行规律,使人体机能达到人与自然合二为一的最佳状态。顺应自然是太极拳运动技术的核心要素,也是中国文化对人与自然关系的另一种解读。太极拳展示的尊重自然、顺应自然、保护自然,坚持人与自然的和谐相生的观念,是中国对人类可持续发展观念的身体表达。

第八章
太极拳大众传播之保障：产业与开发

太极拳大众传播具有覆盖面广、传播速度快的特征。覆盖面广预示着要有很多的人群参与到太极拳体验中来。而要想吸引大量的人群参与，必须要让太极拳或具有时尚性，或能满足大多数人的健康需要，或能带来巨大的效益。由此，产业开发作为太极拳大众传播的延伸就具有重要的意义。对太极拳大众传播而言，只有让传播者、受众及不同的传播主体，都能享受到太极拳大众传播带来的益处。太极拳大众传播才能具有活力。

第一节 太极拳大众传播的产业保障

一、太极拳大众传播需要文化品牌产业保障

品牌"必定是同类产品中的佼佼者。品牌应该具有很高的知名度和美誉度，还应是品质、服务、文化与品位等的统一体。品牌不仅代表良好的质量、精湛的工艺，而且还承诺了优质的服务和应尽的责任。它不仅积淀着深厚而丰富的文化，而且还蕴含高雅而时尚的品位。因此可以说，名牌给人带来的不仅仅是耳目一新的欢愉和身体的舒适，更是身份地位和文化品位的象征"[1]。太极拳品牌的打造，可以成为一种区域性文化符号，从而增加其品牌的知名度，吸引更多人群参与太极拳消费，促进太极拳产业的发展。太极拳产业的发展可以有效反哺太极拳大众传播。

---

[1] 黄华新，陈宗明. 符号学导论 [M]. 郑州：河南人民出版社，2004：259.

第八章　太极拳大众传播之保障：产业与开发

当今的太极拳，已经受到了国家和地方政府的高度重视。从国家层面而言，2020年，太极拳成功列入联合国教科文组织人类非物质文化遗产代表作名录，极大地提升了太极拳文化的品牌效应，提高了太极拳的世界知名度。从地方政府而言，各省都非常重视太极拳文化品牌的打造，河北省以邯郸永年为主，打造了一个以文化旅游为主的永年太极城。河南在省文化和旅游厅主导下，太极拳成功申报了世界非物质文化遗产。后申遗时代，河南省文化和旅游厅高度重视太极拳文化品牌的打造和太极拳文化产业活力的释放。2022年以太极拳为载体，以洛阳老君山为背景的一场太极拳文创作品，取得了显著的成效。河南洛阳的老君山游客数量显著增加，成为太极拳与文化旅游融合得很好的载体。伴随着人们对太极拳文化产品的关注，太极拳文化品牌的价值不断提升，由此也推动了更多的人群去认识、了解太极拳，进而促进了太极拳的大众传播。如何打造太极文化品牌，树立太极拳时尚、健康、美丽的品牌形象，对太极拳大众传播效果有直接的影响。围绕太极拳时尚化品牌塑造，应该通过网络媒体的宣传，充分展示太极拳的自身魅力，吸引更多的人群参与到太极拳体验中。例如，部分人通过抖音平台，展示、宣传太极拳动作，传授、讲解太极拳，起到了很好的示范作用。另外，围绕太极拳文化品牌，可以从太极服饰、太极鞋、太极运动场所、太极拳延伸产品等多个方面，共同打造"健康、美丽、时尚"的太极拳文化品牌，进而促进太极拳的大众传播。

二、太极拳大众传播需要文化产业政策保障

自党的十八大以来，国家把文化发展又一次提高到了新的高度。建立文化强国，提高国家文化软实力，成为国家繁荣发展的重要内容。围绕着文化大发展大繁荣的整体目标，国家也出台了相应的文化产业发展策略。党的十九大报告指出："健全现代文化产业体系和市场体系，创新生产经营机制，完善文化经济政策，培育新型文化业态。"党的二十大报告中又一次提出要"建成教育强国、科技强国、人才强国、文化强国、体育强国、健康中国，国家文化软实力要显著增强"。围绕着文化产业发展，2017年，国家出台了

《关于推动数字文化产业创新发展的指导意见》，明确了文化产业的数字化发展方向。太极拳文化产业作为一种体育产业的组成部分，在推动数字化方面依然存在着差距。而太极拳文化产业的数字化发展，恰是未来太极拳文化产业发展的重要方面。尤其是信息化技术的快速发展，依靠抖音平台、数字人等，为太极拳文化产业发展提供了新的路径。

2018年，文化产业加快了高质量发展步骤。国家主要从三个方面重点推进文化产业高质量发展。第一，侧重于文化和旅游的融合发展；第二，文化产业政策更加侧重于文化产业与数字经济的融合发展；第三，文化产业政策侧重于促进文化和旅游消费提质增效[1]。围绕文化产业的高质量发展，2018年，国家颁布《文化及相关产业分类(2018)》；2021年，陆续出台了《"十四五"文化产业发展规划》《"十四五"文化和旅游科技创新规划》《"十四五"文化和旅游发展规划》。各种文化产业政策的出台，无疑为太极拳文化产业发展指明了方向。

当下的太极拳文化产业要转向高质量发展。只要实现太极拳文化产业的高质量发展，才能促进太极拳大众传播的成效。伴随着国家文化政策的出台，太极拳文化产业应改变单一培训市场，专项太极拳文化演艺市场、太极拳文化旅游市场、太极拳大众传播市场等多元发展的路径。

太极拳文化旅游的政策导向，为太极拳大众传播提供新的平台。为提高太极拳的知名度，各个地方加大了太极拳文化旅游的推进力度。如在河南省依托太极拳发源地陈家沟，积极推动太极拳文化旅游业快速发展。一方面，加大陈家沟旅游景区的公共设施改造，修建了陈氏祠堂、杨露禅学拳处、太极广场等场所，改善了旅游的硬件设施。另一方面，积极打造太极拳文创产品。河南省文化和旅游厅委托张艺谋团队，打造了一场大型室内沉浸式演艺项目《印象·太极》文创产品。该项目以实景为主要舞台，结合现代信息化技术，打造了一个园林式的太极拳文创产品。对太极拳文化品牌塑造、太极拳文化传播起到了重要的推动作用。

---

[1] 黄韫慧，贺达.中国文化产业政策演进与"十四五"优化策略[J].南京社会科学，2022，411（01）：164–172.

三、太极拳大众传播需要信息化技术的产业保障

伴随着信息化技术的快速发展，信息化正悄悄地改变着人们的日常生活方式。大数据、人工智能、互联网等信息化技术，已经深深嵌入人们的生活中，成为人们工作、学习、消费、购物的重要方式。信息化时代的到来，对太极拳大众传播产生深刻的影响。今天的太极拳大众传播应该积极运用信息化技术，为太极拳产业的开发提供技术保障，进而促进太极拳大众传播。

运用现代信息化媒介，促进太极拳数字经济产业发展，打造太极拳大众传播平台。根据《全球数字经济白皮书（2022年）》发布的信息显示：在2021年，世界部分国家的数字经济增加值规模38.1万亿美元。其中，中国数字经济仅次于美国，规模达到7.1万亿美元，位居世界第二[1]。数字经济的快速发展，为太极拳大众传播提供了新的途径和平台，数字化拓展了太极拳大众传播的主体。以往的太极拳大众传播，主要依靠人、电影、电视、报纸等媒介，尽管也推动了太极拳的认知度，但在数字经济时代，信息化技术拓展了太极拳大众传播主体。互联网所打造的信息传播平台极大地扩大了太极拳大众传播的空间。手机、智能机器设备等新兴信息化产品，也成为太极拳大众传播的主体。太极拳数字人就是利用现代信息技术，对太极拳技术动作进行模仿和虚拟仿真，把传统的太极拳练习方式，通过对动作模仿仿真的方式，达到机器可视化展示模式，为太极拳大众传播提供了新的方式。抖音作为现代信息传播的一种方式，已经深深融入人们的生活方式中，成为人们日常生活的组成部分。通过抖音传播太极拳，已经成为当今太极拳大众传播的一种流行方式。部分年轻的太极拳习练者，依靠抖音平台，发布太极拳习练的信息，吸引大众的关注，在此过程中，产生太极拳大众传播的产业价值。太极拳大众传播也应该积极地利用数字经济的技术和平台，把数字经济、信息化技术作为太极拳大众传播的平台。

运用现代信息化技术，拓展太极拳产业渠道，促进太极拳大众传播。大

---

[1] 罗宇昕，李书娟，沈克印，等.数字经济引领体育产业高质量发展的多维价值及推进方略[J].西安体育学院学报，2022，39（01）：64-72.

众传播的目标是让更多的人群接触到太极拳，进而对太极拳文化产生认知。现代信息化技术的发展，为太极拳大众传播提供多种渠道。围绕太极拳大众传播，信息技术为太极拳竞赛提供了新的发展空间。长期以来，太极拳竞赛一直按照传统的模式来完成。但信息化技术的发展为太极拳竞赛提供了新契机。太极拳竞赛可以改变以往的以行政管理的竞赛模式，充分利用现代信息技术，实施线下赛事直播，把封闭的赛事转变成开放的竞赛运营模式。这样不仅能扩大太极拳赛事传播的受众，也能扩大太极拳赛事的影响力。在此基础上，实现太极拳赛事的商业化，市场化运营。

随着人们生活水平的提升，太极拳表演市场也迎来了较好的发展空间。利用现代信息技术，太极拳表演在舞台设计、音乐配合、太极拳表演的舞台灯光等方面，都打破了传统的表演模式。今天的太极拳表演、太极拳演艺已经成为太极拳产业的重要组成部分，也是推动太极拳大众传播的重要渠道。如河南省文化和旅游厅在太极拳发源地打造的一台太极拳表演文创产品"印象太极"全域剧场，就是融合了现代信息化技术，由张艺谋团队全力打造的大型沉浸式演艺项目。该项目采用实景与多媒体相结合方式，展示给观众认知太极拳、体验太极拳的表演项目。项目包括《万象·太极》《印象·太极》上下两部，分为四个章节。通过多种互动体验，充分展示了太极拳"阴阳、方圆、融合、平衡"的文化理念。太极全域剧场的《印象·太极》是太极拳演艺的一个典型代表，对太极拳表演产业、太极拳大众传播起到了重要的推动作用。

信息化技术的发展为太极拳大众传播提供了新路径。休闲健身一直是太极拳的主要功能。在信息化时代，利用现代信息化技术，采用"互联网+"的模式，充分发挥太极拳的休闲健身功能价值，推动太极拳大众传播。通过互联平台，实现对太极拳健康养生功法的网上传播。通过"虚拟服务+现实场景"的方式，在网上塑造太极拳习练场所、习练环境的虚拟模式，进而为太极拳习练者提供一个良好的习练氛围。Keep作为一个集健身、教学、交友及饮食指导、运动产品购买等一站式运动解决方案，在当前健身领域取得了显著成效。太极拳大众传播可以利用Keep运动平台，设计太极拳运动健身课程，为大家学习太极拳提供一个现代化的体验平台。太极拳大众传播还可以利用信息化技术，打造智慧化场馆服务场域。例如，建造太极拳智慧化公园，建立太极拳虚拟化体验中心等，推动太极拳产业发展的同时，也为太极拳大众传播提供信息化技术保障。

第二节　太极拳大众传播的产业开发

一、太极拳健身产业价值有待进一步开发

围绕太极拳健康产业，首先应该推动太极拳健康功能的转化。长期以来，太极拳作为武术的一个拳种，技击一直是太极拳的主体功能。人们对太极拳的认知和理解，大多把技击作为判断太极拳水平高低的依据。由此也形成了对太极拳不能技击的诟病。"不能技击的太极拳是花拳绣腿，是太极拳操，偏离了太极拳的技术标准"，针对这种观念，当前的太极拳健康产业发展的首要问题是推动太极拳主体功能的改变。大力弘扬太极拳蕴含的健康养生价值，淡化太极拳作为武术的技击属性，只有把太极拳健康价值作为其发展的主体价值，太极拳才能满足大多数人对健康的需求，才能吸引更多的人群参与进来。

推动太极拳健康产业开发，需要有科研成果的支撑。太极拳的健康价值已经得到人们的认可，但太极拳健康机理、机制、太极拳健康实证，以及太极拳运动技术规范的科学性的研究成果仍不多见。因此，太极拳健康产业的开发必须伴随着科研成果的有力支撑。科研成果的科学解释，能助推太极拳健康产业得到广阔发展。

二、太极拳文化旅游产业开发活力进一步释放

2021年12月，文化和旅游部办公厅、人力资源和社会保障部办公厅、国家乡村振兴局综合司联合发布了《关于持续推动非遗工坊建设助力乡村振兴的通知》，文件指出，"要依托非遗或传统手工艺，开展非遗保护传承，推

动非遗文化产业的发展"。太极拳在 2020 年 12 月 17 日，被列入联合国教科文组织人类非物质文化遗产代表作名录。作为世界非遗项目的太极拳，原本就蕴含着厚重的中国传统文化内涵，是中国文化的一张名片。推动太极拳文化与旅游结合，为乡村产业发展、经济振兴提供了新的机遇。

（一）太极拳文化旅游产业开发主体在政府

太极拳文化旅游产业开发得到了河南省、焦作市、温县政府的大力支持，取得了显著成效。河南省文化和旅游厅高度重视太极拳文化旅游产业的开发。在云台山，建立了太极拳演艺场所，把太极拳文化嵌入云台山的文化旅游项目中。并以云台山景区为背景，利用太极拳文化名片，展示云台山美景的同时，也展示了太极拳文化。

在太极拳发源地温县，紧紧围绕着太极拳文化旅游产业发展，制定了温县太极拳发展规划。在陈家沟，政府全力打造太极拳文化旅游产业。温县建立了中国太极拳博物馆，系统介绍太极拳的产生、演变、发展等历史脉络，陈列了太极拳各种实物拳谱、文物器具等，是宣传、展示太极拳的一个重要窗口。

为促进太极拳文化旅游的发展，温县在陈家沟修葺了太极拳祖祠。太极拳祖祠是陈式始祖陈卜的墓地、陈王廷的墓。以此为中心，修建了历代太极拳名师的碑刻，由此吸引了大批国内外太极拳爱好，到此地来寻根问祖、祭祀拜谒。

从河南省文化和旅游厅到焦作市政府，以及温县政府的共同努力下，陈家沟太极拳文化旅游环境得到了较大改善，陈家沟太极拳文化旅游硬件设施不断完善，太极拳文化产业蕴含的活力得到了释放，促进了文化产业的发展。

（二）太极拳文化旅游产业开发的途径是旅游

太极拳文化旅游产业的开发需要多个元素共同作用所形成。太极拳作为中国的一种民族传统体育，本身无法单独作为旅游的主要内容。因为，太极拳旅游能够释放的能力不大，必须要借助其他旅游方式，促进太极拳文化旅游产业发展。对于太极拳文化旅游产业开发，应紧紧围绕着旅游的途径。旅游需要具备三要素，即旅游的目的、旅行的距离、逗留的时间。围绕着旅游目的，太极拳文化旅游产业应该打造旅游景点，有可供消费者观赏消费的场所，进而消费者能够来这里进行旅游消费。陈家沟太极拳文化旅游就围绕着消费者旅游目标，打造了系列旅游景点。如有太极拳祖祠、太极祖林、拳谱堂、祖师堂、杨露禅学拳处、陈照丕纪念园、东大沟造拳处、陈长兴故居、皂角树练拳处、太极园、陈家沟遗址、中国太极拳博物馆等。围绕着太极拳旅游景点，还建立了许多文化价值的景观，如祖祠山门、武碑、碑廊、东牌坊、西牌坊、德碑、拳经碑等。据中国政府采购网上的信息显示，温县政府围绕着太极拳文化旅游业的基础设施改造，启动了"温县陈家沟景区管理局陈家沟景区基础设施提升及氛围营造项目"，包括陈家沟东沟夜游亮化、陈家沟重要节点亮化、陈家沟街道亮化、陈家沟绿化花卉。

为更好地促进旅游产业发展，太极拳文化旅游需要建立方便的交通设施，让旅游者能快捷地到达旅游地点。温县政府围绕着陈家沟旅游景区，进行了多方面努力。从郑州到温县陈家沟，修建了直达的高速公路，焦作市到温县、洛阳到温县之间，都建立了良好的公路交通。另外，在陈家沟景区，不断完善基础设施建设。对陈家沟景区的公共座椅、路灯、街道环境等进行完善；对景区内的导引标识、景点介绍、公共信息标识等进行优化。同时，积极与河南省文化和旅游局、焦作市文广旅局对接，完善区域景区的智慧管理系统。打造以太极拳文化为主体的区域旅游产业。再者，如何留住消费者，延长消费者的逗留时间，是太极拳文化旅游考虑的问题。因为，只有留住了消费者，才能让消费者在旅游景点产生消费，进而促进该地方产业的发展。

（三）太极拳文化旅游产业开发的介质是太极拳

文化旅游作为新兴的一种旅游方式，受到了不同地方政府的关注。太极拳作为文化旅游的一个内容，也深受河南温县陈家沟、河北永年邯郸等的重视。围绕着太极拳文化旅游产业的发展，打造了系列景点，吸引了大量的游客。对太极拳文化旅游产业而言，政府推动是主体，旅游是开发太极拳文化产业的途径，而作为太极文化载体的太极拳，是文化旅游产业的介质。单单一个普通的村庄，无法实现文化旅游产业的开发。河南温县、河北永年之所以能推动地方文化旅游业的发展，就在于抓住了太极拳这个文化载体。因此，在旅游景点的开放方面，应充分展示太极拳这个文化载体，把太极拳这个文化载体深深地嵌入文化旅游产业的方方面面，进而推动太极拳文化旅游产业的发展。

（四）太极拳文化旅游产业开发的灵魂是文化

文体旅高度融合成为当今体育文化旅游的一种趋势。文体旅融合在一定程度上，实现了"文化+体育+旅游"资源整合发展，对促进旅游产业的深度有重要的推动作用。然而，在文体旅融合发展的过程中，其最为重要的、最核心的要素是文化。因为，在文体旅游产业开发的过程中，单一的依靠山水等地理环境的旅游，很难提升旅游的品质，也很难让旅游景点实现可持续发展。因此，文体旅融合发展的核心在于文化。对太极拳文化旅游产业的开发而言，太极拳蕴含的中国文化思想内核，才是文化旅游的灵魂。

围绕着太极拳文化旅游的开发，为讲好太极拳文化故事，发挥好太极拳文化在旅游中的作用。在陈家沟修建了杨露禅学拳处旅游景点。该景点挖掘了杨式太极拳创始杨露禅在陈家沟跟随陈长兴学习太极拳的历史故事，展示了杨露禅习练太极拳的场所及居住场所，体现了杨式太极拳与陈式太极拳之间的渊源关系。另外，围绕着太极拳文化旅游景点打造，在陈家沟景区还建立了东大沟练拳处、西沟古皂角树历代村民练拳场所等景点。近年来，为更进一步促进温县太极拳文化旅游发展，河南省文化和旅游厅全力打造了《印象·太极》全域剧场，进一步推进了太极拳文化和旅游产业的快速发展。

三、太极拳产业整体升级将成为发展的重要方向

当前太极拳产业市场主要以培训为主。伴随着太极拳传播范围的不断扩

第八章 太极拳大众传播之保障：产业与开发

大及受众人群的不断增多，其产业的升级将是保障太极拳可持续发展的重要方向。对太极拳产业的发展而言，培训市场尽管为太极拳的普及推广作出了巨大贡献。但单一的太极拳培训市场很难产生强有力的竞争力。尤其在与跆拳道、瑜伽等域外项目的争夺中，仍然处于劣势。以个人崇拜为主要核心竞争力的太极拳培训市场，缺乏相应的市场管理，由此导致其培训内容良莠不齐，给太极拳的发展带来了较大的负面影响。因此，规范太极拳产业市场，拓展太极拳产业的范畴，促进太极拳产业整体升级，则是太极拳大众传播的重要方向。

围绕太极拳产业整体升级，首先应规范太极拳培训市场。对当前太极拳培训市场，要形成固定的推广模式，使太极拳培训产业从散漫的个体模式向规范的市场模式转化。只有建立标准的、规范的推广模式，太极拳培训市场才能实现高质量发展。这一点可以借鉴韩国跆拳道、日本柔道的推广模式。其次，严格把控太极拳培训教练的准入机制，确保太极拳教练的综合素质保持在较高水平。目前太极拳培训市场混乱的一个主要原因，就在于太极拳师良莠不齐，一些太极拳师在教拳的过程中弄虚作假、故弄玄虚，给太极拳培训产业带来了极大负面影响。因此，建立太极拳教练的准入机制，是提高太极拳培训市场的又一主要因素。升级太极拳培训产业，需要融合现代信息化技术，促进太极拳培训市场的产业升级。利用现代网络平台，搭建太极拳培训市场的信息化管理系统，方便太极拳习练者找到合适锻炼场所，同时也为更多的太极拳习练者提供服务。

另外，随着人们消费水平的提升，人们对太极拳的消费也呈现多元化，这也为太极拳产业的拓展提供了空间。如利用现代化抖音平台，展示太极拳的艺术价值，传播太极拳的文化知识，以此满足大众对太极拳文化的消费。运用 Keep 运动平台，设计太极拳运动课程，以此为广大太极拳习练者提供网络学习的机会。运用现代文化理念，设计太极拳文创产品，服务于人民大众对太极拳的文化消费。太极拳只有积极融入现代社会中，及时吸取现代科技成果，促进太极拳产业的整体升级，才能进一步扩大太极拳的影响，促进太极拳大众传播的范围和成效。

四、太极拳文化价值是国际传播的重点

在中国全面进入新时代的当下，中国经济的快速发展及在世界地位的日益提升，必然伴随着中国文化的伟大复兴。太极拳作为代表中国文化的一种标识性符号，应该在中华民族伟大复兴的进程中，承担应有的文化使命和责任。因为，走进新时代的中国，展示给世界的是一个爱护和平的大国，是一个负责的大国。而中国大国形象的塑造离不开中国文化的世界传播。太极拳作为中国文化的载体，其缓慢柔和的运动方式、内外兼修的运动理念、独特的健康价值，不仅满足世界人们对健康生活的追求，同时也体现中国文化的中国智慧。太极拳在为世界人们健康生活保驾护航的同时，其蕴含的文化理念，必将成为人与人之间、人与社会之间，甚至是国与国之间关系相处的文化典范。尤其在2020年末，太极拳成功入选世界人类非物质文化遗产代表作名录，使太极拳成为人类文化的共同遗产。在共享太极、共享健康理念下，诞生于中国的太极拳，其蕴含的健康养生价值，不仅能够满足人类对健康生活的美好追求，同时也是中国文化对域外文化的贡献。因此，在推动太极拳国际传播的过程中，要充分挖掘太极拳的健康养生价值，展现太极拳蕴含的淡化竞争、推己及人、和而不同的文化理念，使太极拳在国家传播过程中讲好中国文化故事，传播好中国声音，进而为世界人类的和平发展贡献中国智慧和中国力量。

第九章

太极拳大众传播之使命：责任与担当

党的二十大报告指出："坚守中华文化立场，提炼展示中华文明的精神标识和文化精髓，加快构建中国话语和中国叙述体系，讲好中国故事、传播好中国声音，展示可信、可爱、可敬的中国形象。"太极拳作为中华优秀传统文化的组成部分，其守正内敛的民族思维、厚重深沉的文化底蕴、天人相合的处世之道和超然物外的立世心态，决定了它不仅有利于人们的道德修为，更有利于人们的身体健康。因此，继承好太极拳、发展好太极拳已经成为践行中国文化自信的重要行动，需要构建太极拳学术话语体系、学术体系，打造太极拳文化品牌并宣传推广、重建太极拳文化教育体系、建设太极拳文化产业体系等诸多问题进行理论上的深刻反思，以适应新时代全面繁荣中华优秀传统文化的历史诉求。

第一节　太极拳大众传播应构建其学术话语体系

一、太极拳大众传播必须构建本土话语体系

中国社会发展到宋明时期，宋明理学成为中国哲学最显性的标识。也正是在这个时期，中国的武术家以宋明理学阐释的太极、气、理等为哲学思想依据，形成了十三式功，而后经历诸多理论提炼和身体实践，形成了具有典型太极文化特质的太极拳。太极拳源于中华太极哲学，同时也反哺和发展了中华太极哲学，可以毫不夸张地讲，太极拳原本是传统武术中理论较为完整

的武术拳种之一。从王宗岳的《太极拳论》开始阐释太极拳理论，到陈鑫的《陈氏太极拳图说》全面解读太极拳的基础理论和技击要义；从李亦畬编定《太极拳谱》到关百益印行《太极拳经》；从马永胜出版《新太极拳书》到许禹生发行《太极拳势图解》；从孙禄堂出版《太极拳学》到陈微明出版《太极拳术》，再到姜容樵、姚馥春出版《太极拳讲义》，直至唐豪、顾留馨出版《太极拳研究》，可以说太极拳理论相当丰富，也是太极拳发展的一个体现。随着社会发展，尤其是改革开放以来，我国经济飞速发展、政治昌明、文化融合、社会进步，太极拳因具备有益于促进身心健康的显著作用，不仅受到我国大众的热捧，也日益备受世界人民的喜爱。与太极拳世界性传播的现实需求相比较，近几十年的太极拳理论研究主要集中在用现代西方话语体系和科学体系对太极拳进行阐释，尽管也取得了一些成效，但进展缓慢，理论研究的滞后直接制约着太极拳文化的传承与发展。"随着我国经济社会深刻变革、对外开放日益扩大、互联网技术和新媒体快速发展，各种思想文化交流交融交锋更加频繁……"[1]，迫切需要强化中国文化自信，需要扩大中国文化影响力，需要坚定中国立场演说太极故事。因此，在当代中国，要实现好传承与发展太极拳文化的任务，首先就需要做好深化太极拳文化研究与理论阐释的工作，以"明辨视听、正本清源、激浊扬清"，最大限度地形成对太极拳的文化认同和实践共识，这符合当代太极拳文化传承发展的内在需求，也是对《关于实施中华优秀传统文化传承发展工程的意见》最生动的实践。

二、太极拳大众传播必须强调中华文化立场

十九大报告提出，"发展中国特色社会主义文化，就是以马克思主义为指导，坚守中华文化立场。"这为我们传承和发展太极拳文化指明了方向，确定了原则，传承发展太极拳文化，必须强调中华文化立场。

今天我们谈论中华文化立场和传承发展太极拳文化，既不是将中国还原到西方坚船利炮侵略之前的农耕文明，也不是擎举民族沙文主义的旗帜故步自封，而是要用新时代中国特色社会主义优秀文化创造性地影响世界。我

---

[1] 中共中央办公厅和国务院办公厅.关于实施中华优秀传统文化传承发展工程的意见[Z]. 2017-1-25.

第九章 太极拳大众传播之使命：责任与担当

们强调在传承与发展太极拳文化时必须注重中华文化立场，正是因为太极拳文化具备这种特征。从本位主义立场出发，我们这里强调中华文化立场，核心在于坚守太极拳文化的主体性。之所以提及这个命题，是因为相当长的一个阶段，我们的太极拳及其太极拳文化受到"西方文化中心论立场"的严重影响。太极拳蕴含的"修齐治平、尊时守位、知常达变、开物成务、建功立业"基本理念，"革故鼎新、与时俱进，脚踏实地、实事求是"的基本主张，"讲仁爱、重民本、守诚信、崇正义、尚和合、求大同"的核心思想等，已经完整构成了中华民族赖以生存的基本生命观、生活观、价值观。这种基本的生命观、生活观、价值观作为中华民族鲜明的民族性文化特征必须作为主体性存在而被不断承继传续。传承与发展太极拳文化，强调坚守中华文化立场，对宣扬中国自身民族地位、实现中华民族伟大复兴、彰显中华哲学精神意义深远。从归属意义上说，传承与发展太极拳文化，强调中华文化立场，不但可以满足人们对中华民族文化的情感归属诉求，还可以为人们回顾历史、把握现在和展望未来提供一个精神窗口，使得悠久的历史记忆可以被唤醒，当代的时尚与优秀传统完美链接。坚守中华文化立场还能使在传承与发展太极拳文化过程中，实现历史认知、现实评价与未来预期的统一。一旦抛弃中华文化立场，太极拳文化的传承发展必然会舍本逐末，乃至自我消解[1]。

三、太极拳大众传播必须构建学术体系

学术体系是这种根本性知识、学问的系统化，是人类专门认识活动的产物，是文化的结晶和精华，承载和映现人类精神，能够滋养、完善社会个体和整个民族，引领社会和时代进步[2]。学术是人类对自然和社会认知的能动反映，古人谓之曰"道术"，是具有根本性的学问，故有"天下莫大于学术"之说。

当前，我们在推广发展太极拳文化的过程中，仅是将太极拳及其文化

---

[1] 郭凤志.深刻把握坚守中华文化立场的深刻内涵［EB/OL］.（2018-01-29）［2022-07-08］.http://epaper.gmw.cn/gmrb/html/2018-01/29/nw.D110000gmrb_20180129_3-15.htm.
[2] 侯才.努力构建中国特色哲学社会科学的学术体系［EB/OL］.（2016-08-03）［2022-07-09］.http://www.xinhuanet.com/politics/2016-08/03/c_129201126.htm.

作为一种技术在传承，还没有真正从学术和学术体系的高度来审视太极拳文化。也就是说，我们既还没有形成太极拳文化的学术意识，也更没有形成太极拳文化的学术体系观念。试想如果我们连对太极拳及其太极拳文化基本的概念、范畴、内涵、外延都没有弄清楚、没有形成共识，我们又何来关于太极拳及其太极拳文化正确的知识、观点、理念、理论、原理、学说、思想，就更谈不上较好地传承发展太极拳文化。根植于传统生活中"忙来时种田，闲来时造拳"的太极拳，并没有完全走向西方的竞技场，而是逐步以适合中国人的生活方式达到一种修身养性、德艺双修之法。因为，"太极拳作为形成发展于传统文化土壤里的人体文化和人体活动方式，是一种优化生命存在的价值系统"[1]。因此，传承与发展太极拳文化，另一项当务之急的任务就是必须构建太极拳文化学术体系。要从"学术命题、学术思想、学术观点、学术标准、学术话语"诸方面全面开展反思，在太极拳及其太极拳文化"思想、理念、原理、观点、理论、学说、知识、学术"诸问题上下功夫，在研究方法、材料和工具上找差距，构建起太极拳文化学术体系，从而为构筑太极拳文化话语体系和太极拳文化学科体系打牢基础，逐渐形成严密的太极拳文化学科体系、学术体系、话语体系。因为学术体系是学科体系、话语体系的内核和支撑，学术体系的水平和属性，决定着学科体系、话语体系的水平和属性[2]。

第二节　太极拳大众传播重视其品牌化引领作用

一、太极拳大众传播首先应扎根中国大地

悠久的中华民族衍生出了深厚而璀璨的太极拳文化，优秀而宝贵的太极拳文化资源始终滋养着华夏儿女，为华夏儿女提供了强大的精神动力和精

---

[1] 王岗.太极拳与当代人的生活方式[N].中国社会科学报，2018-07-13（007）.
[2] 侯才.努力构建中国特色哲学社会科学的学术体系[EB/OL].（2016-08-03）[2022-07-09]. http://www.xinhuanet.com/politics/2016-08/03/c_129201126.htm.

第九章 太极拳大众传播之使命：责任与担当

神食粮。我们今天倡导传承与发展太极拳文化必须扎根中国大地，是因为博大精深的中华优秀传统文化是其赖以生存的深厚沃土，新时代中国特色社会主义道路是新时代太极拳文化在世界文化激荡中站稳脚跟的根基。当前的世界，全球化作为一种势能，会不由自主地牵引世界各国走进一种文化普遍性的构架之中，而这一构架又往往是以处于强势地位的美欧发达国家的文化秩序和价值标准作为基点。事实上，包括中国在内的发展中国家身不由己地受到了来自美欧发达国家文化的强烈威胁。因此，传承与发展太极拳文化就必须反求诸己，既挖掘太极拳文化的本土价值，又调适这种价值适应全球化进程；既摆脱全球化给太极拳文化造成的压力和焦虑，又将这种压力和焦虑整合在自身中国风格的寻求和特殊道路的探索之中，从而实现对西方现代科技的互补，又明显具备超越西方器物科技的东方文明目标。

二、太极拳大众传播必须擦亮其文化品牌

近十年来，我国学者开始关注太极拳文化品牌的研究。赵伟诺[1]指出，"太极拳应该舍弃纯商业化道路，走一条公益化品牌的道路，响应国家全民健身的号召，高举文化的大旗，领军大众健身市场，通过塑造大的太极拳公益品牌发展相关产业，获得必要的发展物质基础，这应该是太极拳的最好出路"。罗卫民、郭玉成[2]指出，"太极拳是我国'文化软实力'的表征符号，太极拳是我国'多元文化主义'的践行者，太极拳是我国'文化立国'的重要品牌"。闫民、梁勤超等[3]认为，"文化元素是太极拳品牌的核心，'和谐'是太极拳文化品牌的重要内容"，在塑造太极拳文化品牌时应该"强化国家意志，加强顶层设计，梳理太极拳品牌内涵价值，确立民族文化身份，借鉴少林品牌优势，设计品牌传播标志，设立体验基地，推广产业品牌，加强太极拳国际交流，促进国际社会情感认同"。众多学者的研究为太极拳文化品牌的塑造提供了宝贵的理论储备和实践借鉴。但是，在全面复兴和弘扬中华

---

[1] 赵伟诺.太极拳品牌运营模式的研究[D].北京：北京体育大学，2006：3-32.
[2] 罗卫民，郭玉成.太极拳品牌推广研究[J].体育文化导刊，2012，(5)：125-128.
[3] 闫民，梁勤超，李源.太极拳文化形象及品牌塑造的路径[J].体育学刊，2015，22，(5)：106-110.

优秀传统文化，加快推进新时代中国特色社会主义建设的时代背景下，这些研究和探索还远不能满足太极拳文化走出去的实际需求，不能满足认识传统文化实现文化自省、挺直文化脊梁、实现文化自觉、讲好中国故事、实现文化自信的中国文化复兴与发展的总基调。因此，从政治学、哲学、文化学、经济学、传播学等不同学科的视角出发，深度研究、探索、构建太极拳文化品牌就显得比任何时候都急迫。

与此同时，加快太极拳文化品牌的立体化宣传是传承与发展太极拳文化的重要抓手，也是"从新时代'文化自信'的核心意蕴出发，中国武术文化是最具有中华文化的最'本质'特性的。中国武术对于文化自信，是可以体现和展示'文化自信'所具有的'更基础、更广泛、更深厚'的文化地位；是可以折射并蕴含文化自信所具有的'更基本、更深沉、更持久'的文化内核"[1]。2017年我国在美国纽约时代广场以"和谐、健康、共享"为主题进行了太极表演，集体展示了新创编的太极拳"五步八法""十三式"，向全世界展示了太极拳文化的风采，获得了显著的品牌推广成效。"综合运用报纸、书刊、电台、电视台、互联网站等各类载体，融通多媒体资源，统筹宣传、文化、文物等各方力量，创新表达方式，大力彰显太极拳文化魅力"[2]将是做好太极拳文化品牌宣传、推广太极拳文化品牌需要下大力气开展的工作。

三、太极拳大众传播必须搭建其文化服务平台

2016年12月25日第十二届全国人民代表大会常务委员会第二十五次会议通过的《中华人民共和国公共文化服务保障法》已经于2017年3月1日起生效施行。文件指出："各级人民政府应当充分利用公共文化设施，促进优秀公共文化产品的提供和传播，支持开展全民阅读、全民普法、全民健身、全民科普和艺术普及、优秀传统文化传承活动。"[3]基于这种背景，在传承发展太极拳文化过程中，搭建太极拳文化服务平台意义重大。一是

---

[1] 王岗，陈保学，马文杰.新时代"文化自信"与中国武术的"再出发"[J].北京体育大学学报，2018，41（8）：9-16.
[2] 中共中央办公厅和国务院办公厅.关于实施中华优秀传统文化传承发展工程的意见[Z].2017-1-25.
[3] 熊海峰.城市公共文化设施的社会化运营研究[M].北京：知识产权出版社，2020：180.

可以倒逼加快太极拳文化研究与理论阐释,为构建知识化、学术化、体系化、专业化的太极拳文化学术体系提供动力;二是可以为太极拳文化发展与交流提供良好的文化信息沟通平台,实现国际化的信息资源共享,为太极拳世界化传播提供机遇;三是可以开展富有成效的太极拳文化品牌打造和宣传推广,为太极拳文化的标准化建设和示范性推广提供服务;四是可以开展公益性太极拳技术、技能公共服务,为大众推介行之有效的太极拳习练方法、手段,全面提高太极拳健身指导受众面;五是可以运用大数据开展科学化实验和跟踪服务研究。包括太极拳运动康复干预实验及研究、太极拳运动心理干预实验及研究、太极拳运动生物力学实验及研究、太极拳生理生化机理实验及研究,进行有关项目跟踪监测、检测、化验及其数据统计与研究,开展有针对性的服务;六是可以为太极拳文化产业及相关产业提供合作投洽服务,提供太极拳办学、标准化连锁拳馆培训、互联网课堂、线上与线下学习结合、私人拳师兼保健助理等服务;提供太极拳文创产品展示平台,影视演艺作品创作展示平台,提供太极拳衍生产品——练功服装器械及其品牌设计、教学书籍光碟印制、相关保健品开发等推介宣传平台。综上可见,搭建太极拳文化服务平台,可以收获事半功倍的传承发展太极拳文化效果。

第三节 太极拳大众传播应重建其文化教育体系

一、太极拳大众传播必须重视立德树人根本教育任务

2018年5月2日,习近平总书记在北京大学师生座谈会上指出:"要把立德树人的成效作为检验学校一切工作的根本标准,真正做到以文化人、以德育人,不断提高学生思想水平、政治觉悟、道德品质、文化素养,做到明大德、守公德、严私德。要把立德树人内化到大学建设和管理各领域、各方面、各环节,做到以树人为核心,以立德为根本。"这一重要讲话,为我国教育工作坚持立德树人的根本任务提出新要求的同时,也为我

们在新时代学校传承与发展太极拳文化时完成立德树人的根本任务指明了方向。学校是明德至善、立德树人的场所。太极拳文化之所以能够作为教学内容和课程纳入文化教育体系，从根本上讲，是太极拳蕴含的中华优秀传统文化思想和道德育化功能可以为出色完成教育目标、实现学校立德树人根本任务提供帮助。太极拳以"见素抱朴"为纲，以"一阴一阳"为本，以"为而不争"为用，强调"上善崇德""贵圆尚柔""随曲就伸""守弱用反"，表现"我守我疆，不卑不亢"的气概，是一种标准的道德拳术，完全符合中华民族"谦虚谨慎，自强不息、厚德载物，和谐发展"的传统美德。

因此，在学校传承太极拳文化时强调"立德树人"，既能实现太极拳拳理拳法的自我完满，又能达成太极拳服务学校教育完成"立德树人"根本任务的需要。

二、太极拳大众传播必须全面开展其文化课程与教学改革

《关于实施中华优秀传统文化传承发展工程的意见》明确指出，中华优秀传统文化应"贯穿国民教育始终。围绕立德树人根本任务，遵循学生认知规律和教育教学规律，按照一体化、分学段、有序推进的原则，把中华优秀传统文化全方位融入思想道德教育、文化知识教育、艺术体育教育、社会实践教育各环节，贯穿于启蒙教育、基础教育、职业教育、高等教育、继续教育各领域"。对照该文件精神，学校传承太极拳文化任重而道远。当前，我国学校教育中太极拳文化课程较少。整体上来看，各级教育行政主管部门缺乏对"太极拳文化课程研究、开发及实施"重要价值的认识，缺乏对这一内容的政策导向与经费支持。太极拳课程需要改革的主要问题有课程性质界定不清，教学目标不切实际，课程设置和教材选用不够科学，师资力量和培养非常薄弱，质量控制与监测体系尚不健全，教学方法和组织形式缺少新意，教学评价不够严肃，教学效果不甚理想等方面[1]。

---

[1] 杨黎明.对建构河南省高校地方太极拳课程体系的思考[J].搏击·武术科学，2007，（7）：54–56.

三、太极拳大众传播必须构建多层次人才培养梯队

鉴于当前学校太极拳课程存在的问题，要贯彻落实好《关于实施中华优秀传统文化传承发展工程的意见》，实现好太极拳在学校的良好传承与发展，就必须深化教育体制改革，重建太极拳文化教育体系，构建多层次的人才培养梯队。这里的"多层次的人才培养梯队"是一个狭义概念，专指启蒙教育、职业教育、基础教育、继续教育、高等教育等各级各类各阶段太极拳培养体系。建议教育行政主管部门做好顶层设计，地方各级教育行政主管部门提高对"人才培养"重要价值的认识，加强对"太极拳课程开发与实践"研究，从理论和实际两个层面支撑各级各类各阶段太极拳课程的开发与实施。制定太极拳课程教学大纲，明确界定太极拳课程的性质和目标，健全太极拳课程内容，规范太极拳课程教材的选编原则和选用机制，加强太极拳师资培训力度，健全太极拳课程质量监控机制，制定课程评价标准，拓展新型太极拳课程教学方法和组织形式等，逐渐重建太极拳文化教育体系，为在学校传承发展太极拳文化提供课程制度保障[1]。

第四节 太极拳大众传播应建设其文化产业体系

一、太极拳大众传播必须做好其文化产业发展的顶层设计

太极拳文化是中华优秀传统文化的瑰宝，在世界范围具备辐射力、影响力和号召力，已经具备国际知名文化品牌所需要的基础属性和条件。既是品牌，就应该形成产品；既是产品，就必须探索产业链和产业体系。建设太极拳文化产业体系是顺应文化经济化和经济文化化发展的客观要求，是满足人民群众对太极拳消费需求日益增长的要求，是推动和促进我国体育产业转型升级的有生力量。因此，传承与发展太极拳文化，必须建设太极拳文化产业体系。首先，要做好太极拳文化产业体系的总体规划。因为太极拳文化产

---

[1] 杨黎明.对建构河南省高校地方太极拳课程体系的思考[J].搏击·武术科学，2007，（7）：54-56.

业涉及多方面要素、多领域、多部门,这就尤其需要做好顶层设计,不但要合理布局产业发展目标、发展定位、发展方向、发展的重点,还需要构建营商环境、政策支持、资金保障等一系列供给侧配套服务体系,以避免走错道路。其次,要借鉴打造太极拳文化服务平台的思路,全面打造太极拳文化产业发展平台,将太极拳文化产品聚集融合到太极拳文化产业发展平台,"打造量化的产业发展平台可以有效集聚产业发展要素、整合产业发展要素、释放强大的产业发展能量,为产业集聚发展、融合发展、生态发展创造条件,为优化产业生态系统奠定坚定基础"[1]。最后,紧扣"一带一路"倡议和"人类命运共同体"理念,推动太极拳文化产业国际化发展。结合中国文化走出去需求,针对性打造符合"一带一路"沿线国家文化交流合作急需的太极拳文化产品,建立国际化的太极拳文化培训、技术传播、旅游文创产业体系,强化发展对外太极拳文化产品贸易,让更多体现太极拳文化特色、具有较强竞争力的太极拳文化产品走向国际市场,为太极拳文化产业发展拓展更大的市场空间。

二、太极拳大众传播必须优化其文化产业结构布局

文化铸魂,产业铸形,传承发展太极拳文化,离不开产业的助力。早在2010年,国家就制定了文化产业发展的战略目标,并相继出台了《国务院关于加快发展体育产业促进体育消费的若干意见》《国务院关于促进健康服务业发展的若干意见》,文化部《关于推动特色文化产业发展的指导意见》等,尤其在《"十三五"全民健身纲要》和《武术产业发展规划(2019—2025)》中,首次把"太极拳"从"中国武术"中单列出来,为太极拳发展提供了政策支持。虽然大家已经清醒地认识到,在国家文化发展战略和文化产业发展中,太极拳文化产业占有重要的位置,但是,当下的太极拳文化产业结构单一,布局不甚合理。仅仅停留在以太极拳技能培训传授,太极拳服饰、太极刀枪剑棍等器材及相关装备产销等低端产业链条之上。通过电影、电视、动漫传播太极拳文化的文化产品,以及利用虚拟现实和增强现实技术其中包括

---
[1] 谷建全. 做大做强太极拳文化产业需要"五"管齐下[N]. 河南日报, 2018-04-26(02).

3D 技术、互联网＋、元数据、最小数据集、语义网等高科技太极拳文化产业还未形成，太极拳与科技、5G、养生、旅游、文艺、传媒、教育培训等深度融合的产业布局亟待优化。

三、太极拳大众传播必须全面振兴其文化产业与实体经济

纵观发达国家的经济发展规律可以发现，当一个国家的国民经济发展到一定程度时，其文化产业在国民经济中所占的比重将会不断增加。美国作为当今世界上的经济强国，在产业结构上，文化产业占有举足轻重的作用。日本文化产业在 GDP 的占比为 17%，英国的文化产业在 GDP 的占比为 7.9%。我国 2014 年文化产业在 GDP 的占比为 3.1%，但 2017 年以后，我国的文化产业得到了快速发展，所占比例有所增加。我国的太极拳文化产业目前仍处于发展的初级阶段，仍存在着产业结构不合理、融合发展不够、资源转化率不高等问题，这也说明我们太极拳文化产业还有很大的发展空间，需要在发展的过程中不断创新。特别是要突破现有的认识局限，深度挖掘太极拳的价值内涵，从服务人类健康的角度挖掘太极拳的健康产业，从构建人类命运共同体的角度弘扬太极拳的文化产业[1]。全面促进太极拳产业的发展，形成太极拳发展的经济模式。尤其要紧抓 5G 逐渐商业化的历史机遇，全面振兴太极拳文化产业与实体经济，让 5G 成为支撑太极拳文化的重要力量。此外，云计算、大数据、人工智能和区块链等其他重大技术对于太极拳文化产业的发展同样重要。

太极拳作为中华文化的载体，不仅承担着传承中华优秀文化的重任，同时，太极拳的文化价值也是对世界文化的有益补充。在新时代中国特色社会主义文化发展与文化建设过程中，强调太极拳文化的传承与发展具有积极意义。传承与发展太极拳文化必须重视和强调民族立场、全面深化太极拳文化研究与理论阐释，构建太极拳文化学术体系；必须扎根中国大地，全面打造太极拳文化品牌并宣传推广，搭建太极拳文化服务平台；必须强调立德树人，全面开展太极拳文化课程与教学改革，重建太极拳文化教育体系；必须

---

[1] 王柏利，杨光.太极拳：推动人类命运共同构建的中国智慧[N].中国社会科学报，2020-9-11（8）.

优化产业布局，全面振兴太极拳文化产业与实体经济，建设太极拳文化产业体系。唯其如此，才能实现太极拳文化在复兴中华优秀传统文化进程中的感染力、吸引力和影响力，才能使扎根在中华民族优秀文化肥沃土地之上的太极拳文化在新时代永续相传。

主要参考文献

[1] 王振复. 周易精读 [M]. 上海: 复旦大学出版社, 2016.

[2] 王耘. 太极文化: 图式表达的"现场"[J]. 苏州大学学报, 2019, 40 (4): 39-44.

[3] 毛泽东. 在延安文艺座谈会上的讲话 [M] // 毛泽东. 毛泽东选集: 第3卷. 北京: 人民出版社, 1991.

[4] 侯欣一. 从司法为民到人民司法陕甘宁边区大众化司法制度研究 [M]. 北京: 中国政法大学出版社, 2007.

[5] 张伯昭. 学习"七一"讲话 正确处理继承与创新的关系 [J]. 中国京剧, 2001 (6): 10-12.

[6] 刘业雄. 升华与繁荣: 试论电视文艺的价值判断——兼论少数民族电视的文化走向 [J]. 西藏民族学院学报, 2000 (4): 71-79.

[7] 齐卫华. 大众文化与高教文化的冲突及调适 [J]. 中国成人教育, 2004 (5): 28-29.

[8] 胡秀英. 高校先进校园文化建构中的德育功能 [J]. 求索, 2004 (15): 176-177, 45.

[9] 宋远桥, 吴家新. 宋氏太极功源流 [J]. 武当, 2008 (3): 9-10.

[10] 史美雄. 宋氏家传太极功源流支派论新探 [J]. 武当, 2010 (7): 15.

[11] 梅墨生. 大道显隐: 李经梧太极人生 [M]. 北京: 人民体育出版社, 2007.

[12] 江华. 中国文化学 [M]. 东营: 石油大学出版社, 2001.

[13] 张振学. 高调做事 低调做人 [M]. 北京: 中国致公出版社, 2006.

[14] 王宗岳. 太极拳谱 [M]. 北京: 人民体育出版社, 2006.

[15] 陈鑫. 陈氏太极拳图说 [M]. 太原: 山西科技出版社, 2009.

[16] 老子. 道德经 [M]. 延吉: 延边人民出版社, 2007.

[17] 余功保. 盈虚有象: 中国太极拳名家对话录 [M]. 北京: 人民体育出版社, 2006.

[18] 李永彬.太极拳起源辨异[J].体育文化导刊,2009(1):128-129,136.

[19] 蔡宝忠.中国武术史专论[M].北京:人民体育出版社,2003.

[20] 国家体委武术研究院.中国武术史[M].北京:人民体育出版社,2003.

[21] 庄子.庄子[M].孙通海,译.注北京:中华书局,2007.

[22] 王岗.武技到中国武术的历史追述[J].体育科学,2008(10):78-85.

[23] 顾留馨.太极拳术[M].上海:上海教育出版社,2008.

[24] 赵斌,赵幼斌,路迪民.杨氏太极拳真传[M].北京:北京体育大学出版社,2007.

[25] 乔治·维加雷洛.从古老的游戏到体育表演[M].乔咪加,译.北京:中国人民大学出版社,2007.

[26] 马国相.我的太极之路[M].北京:中国中医药出版社,2007.

[27] 王岗.中国武术技术要义[M].太原:山西科学技术出版社,2009.

[28] 张茂珍.陈式太极拳精义[M].北京:人民体育出版社,2004.

[29] 张肇平,杜飞虎.论太极拳[M].北京:北京体育大学出版社,2002.

[30] 康戈武.太极拳的文化内涵和太极运动观[J].邯郸学院学报,2008(3).

[31] 邱丕相.中国武术文化散论[M].上海:上海人民出版社,2007.

[32] 李德印,李春莲.二十四式太极拳教与学[M].北京:北京体育大学出版社,1997.

[33] 托马斯·古德尔,杰弗瑞·戈比.人类思想史中的休闲[M].昆明:云南人民出版社,2000.

[34] 鲁洁.道德危机:一个现代化的悖论[J].中国教育学刊,2001(4):9-15.

[35] 吴文翰.吴文翰武术文存[M].太原:山西科学技术出版社,2006.

[36] 孙美堂.文化价值论[M].昆明:云南人民出版社,2005.

[37] 卢梭.论人类不平等的起源和基础[M].北京:法律出版社,1958.

[38] 卢东镐.20世纪民间创新拳学体系的研究——对孙禄堂、王芗斋、马凤图、李小龙拳学体系的解析[D].上海:上海体育学院,2004.

[39] 李德新.李德新中医基础理论讲稿[M].北京:人民卫生出版社,2008.

[40] 翟慧霞.国际民调中的欧洲民众对华态度[N].中国社会科学报,2011-1-14(13).

[41] 李申.话说太极图——《易图明辨》补[M].北京:知识出版社,1992.

[42] 徐震.太极拳谱理董辨伪合编[M].太原:山西科学技术出版社,2006.

[43] 兰久富.全球化过程中的价值多样化[M].北京：北京师范大学出版社，2010.

[44] 王柏利.竞争社会中太极拳的时代价值研究[J].南京体育学院学报，2011（2）：42-45.

[45] 张周志.全球化视域的中西哲学思维方式会通[M].西安：陕西人民出版社，2008.

[46] 马菁汝.思维方式的文化思考[J].山东师范大学学报（人文社会科学版），2004（3）：129-131.

[47] 常秉义.周易与历法[M].北京：中央编译出版社，2009.

[48] 王岗.太极拳：体认道德伦理的文化教场[J].南京体育学院学报，2011，25（1）：22-26.

[49] 李蓉蓉，王岗.太极拳：从"推己及人"到"内圣外王"[J].成都体育学院学报，2011，37（11）：45-48.

[50] 李江."身体美学"视野中的太极拳艺术[J].体育与科学，2011，32（1）：34-36，30.

[51] 卢兵.中华民族传统体育文化导论[M].北京：民族出版社，2005.

[52] 阮纪正.拳以合道：太极拳的道家文化研究[M].上海：上海人民出版社，2009.

[53] 王岗，王柏利.中国武术：一种民族化的生活方式[J].体育文化导刊，2007（9）：17-21.

[54] 肖旭.社会心理学[M].成都：电子科技大学出版社，2008.

[55] 刘涛.文化表情　国家公关时代的形象"出口"[N].中国教育报，2011-3-16（3）.

[56] 高清海.中国传统哲学属于全人类的精神财富[J].吉林大学社会科学学报，2002（5）：5-11.

[57] 黄华新，陈宗明.符号学导论[M].郑州：河南人民出版社，2004.

[58] 尚·布希亚.物体系[M].林志明，译.上海：上海世纪出版集团，2001.

[59] 傅守祥.审美化生存——消费时代大众文化的审美想象与哲学批判[M].北京：中国传媒大学出版社，2008.

[60] 王建平.中国城市中间阶层消费行为[M].北京：中国大百科全书出版社，2007.

[61] 费尔迪南·德·索绪尔.普通语言学教程[M].岑麒祥，叶蜚声，高名凯，译.北京：商务印书馆，1980.

[62] 罗卫民，郭玉成.太极拳品牌推广研究[J].体育文化导刊，2012（5）：125-128.

[63] 王宁.消费社会学——一个分析的视角[M].北京：社会科学文献出版社，2001.

[64] 滕乐.文化如何传通：认知心理学角度的解释[N].中国社会科学报，2012-7-25（8）.

[65] 苏特·杰哈利.广告符码：消费社会中的政治经济学和拜物现象[M].马姗姗，译.北京：中国人民大学出版社，2004.

[66] 冯开春.问道武当山 养生太极湖[N].十堰日报，2011-12-10（4）.

[67] 代刚.消费社会视域下体育消费文化生产模型的构建与分析[J].体育科学，2012，32（4）：3-10，28.

[68] 张曙光.浅析商品符号意义的社会建构——兼评麦克拉肯的文化意义流动模型[J].河北经贸大学学报（综合版），2008，8（4）：86-91.

[69] 高小康.时尚与形象文化[M].天津：百花文艺出版社，2002.

[70] 章海荣，方起东.休闲学概论[M].昆明：云南大学出版社，2005.

[71] 苏珊娜·哈特，约翰·莫非.品牌圣经[M].高丽新，译.北京：中国铁道出版社，2006.

[72] 周庆杰.冲突与融合：国际版本学视角下"太极拳"一词的译介研究[J].体育科学，2011，31（12）：84-93.

[73] 王青剑.品牌VI设计[M].广州：岭南美术出版社，2010.

[74] 张天勇.社会符号化——马克思主义视域中的鲍德里亚后期思想研究[M].北京：人民出版社，2008.

[75] 李良忠，王雪晶.李宁：创造一切可能[M].南京：凤凰出版社，2008.

[76] 张慧芳.位置消费论纲[M].西安：西安交通大学出版社，2011.

[77] 孙科，周宁，杜成革.试论体育形态的演化：象征·意义·生成[J].体育科学，2012，32（5）：79-86.

[78] 沈毅.经济报道与品牌传播[M].北京：清华大学出版社，2004.

[79] 赵伟诺.太极拳品牌运营模式的研究[D].北京：北京体育大学，2006.

[80] 闫民，梁勤超，李源.太极拳文化形象及品牌塑造的路径[J].体育学刊，2015，22（5）：106-110.

[81] 王岗，陈保学，马文杰.新时代"文化自信"与中国武术的"再出发"[J].北京体育大学学报，2018，41（8）：9-16.

[82] 杨黎明.对建构河南省高校地方太极拳课程体系的思考[J].搏击·武术科学，2007（7）：54-56.

[83] 王柏利，杨光.太极拳：推动人类命运共同构建的中国智慧[N].中国社会科学报，2020-9-11（8）.